Klima
Sparbuch

Frankfurt 2023

Klima schützen & Geld sparen

Herausgegeben von der Stadt Frankfurt am Main
und dem oekom e. V.

Inhalt

Klimatipps

Grußwort

Liebe Bürger:innen,

der schreckliche Krieg in der Ukraine ist ein Schock für uns alle. Wir müssen rasch die Abhängigkeit von Energielieferungen aus Russland beenden. Dabei helfen erneuerbare Energien, doch auch jede:r einzelne kann etwas tun. Dieses Klimasparbuch möchte Ihnen Mut machen, Ihren Energieverbrauch zu senken.

Mein persönlicher Tipp: Probieren Sie es auf sportliche Art – als Challenge! Setzen Sie sich Ziele und beobachten Sie, wie Sie dabei vorankommen. Schaffen Sie es einen Monat ohne Auto? Wie gelingt ein Grillabend ohne Fleisch? Auf den folgenden Seiten finden Sie praktische Tipps für alle Lebensbereiche. Vielleicht liegt in der Krise am Ende eine Chance, denn jede Einsparung hilft auch dem Klima. Ich bedanke mich bei allen, die schon im »Team Frankfurt« mitmachen. Werden auch Sie Teil unserer Klima-Community!

Ihre

Rosemarie Heilig

Rosemarie Heilig
Dezernentin für Klima, Umwelt und Frauen

Team Frankfurt Klimaschutz

Machen Sie mit beim Team Frankfurt Klimaschutz!

Zentrale Anlaufstelle für Klimaschutzthemen in Frankfurt am Main ist die Website klimaschutz-frankfurt.de. Sie wurde 2022 im Rahmen eines Relaunches komplett überarbeitet und bietet Ihnen einen schnellen und benutzerfreundlichen Einstieg in den Klimaschutz in Frankfurt. Herzstück der Website sind die acht Themenfelder nachhaltige Ernährung, klimaschonender Konsum und Tourismus sowie Energie sparen, erneuerbare Energien und energetische Sanierung, Verkehrswende und Recycling. Neben wichtigen Hintergrundinformationen finden Sie hier jede Menge Tipps, Kontakte und Ideen, um direkt mit dem Klimaschutz in Ihrem Alltag loslegen zu können.

Sie suchen nach konkreten Projekten aus Frankfurt? Hier werden Sie in unseren Held:innengeschichten fündig. Engagierte Frankfurter:innen gewähren uns Einblick in ihre großen und kleinen Klimaschutz-Aktivitäten und machen Lust, sich anzuschließen. Dank der neuen, ausgefeilten Such- und Filter-Funktion finden Sie Frankfurter Initiativen oder städtische Angebote jetzt noch schneller.

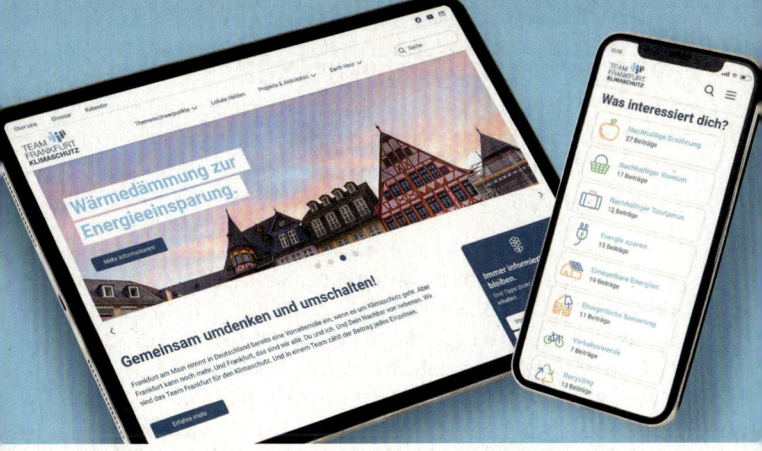

Die städtische Klimaschutz-Marke wurde 2022 ebenfalls überarbeitet. Sie steht seit 2017 als Dach über allen städtischen Aktivitäten rund um den Klimaschutz in Frankfurt und ist offen für alle, die sich für den Klimaschutz engagieren möchten.

Viele Anregungen, Tipps und Ideen finden Sie in diesem Klimasparbuch oder unter:

- klimaschutz-frankfurt.de
- facebook.com/KlimaschutzTeamFrankfurt
- frankfurt.de/klimaschutz
- Monatlichen Newsletter abonnieren unter: klimaschutz-frankfurt.de/newsletter

EU-Mission für 100 klimaneutrale und intelligente Städte

Frankfurt nimmt als eine von neun deutschen Städten an der EU-Mission »Cities« teil. Die 100 ausgewählten Städte kommen aus allen 27 Mitgliedstaaten der EU, zwölf weitere Städte kommen aus Ländern, die mit Europa assoziiert sind. 75 Prozent der EU-Bürger:innen leben in städtischen Gebieten. Insgesamt verbrauchen städtische Gebiete mehr als 65 Prozent der weltweiten Energie und sind somit für mehr als 70 Prozent der CO_2-Emissionen verantwortlich. Es ist daher wichtig, dass Städte als Versuchs- und Innovationsökosysteme fungieren, um so alle anderen beim Übergang zur Klimaneutralität bis 2050 unterstützen zu können. Die Städte erarbeiten, mit der Unterstützung der EU, Schritt für Schritt Klimastadt-Verträge, die einen Gesamtplan für Klimaneutralität in Sektoren wie Energie, Gebäude, Abfallwirtschaft und Verkehr sowie entsprechende Investitionspläne umfassen. An diesem Prozess werden Bürger:innen, Forschungseinrichtungen und der Privatsektor beteiligt sein.

Frankfurter Klimasparkonto

Werde Teil der Klima-Community in Frankfurt

Sie möchten sich für den Klimaschutz in Frankfurt am Main engagieren, aber wissen nicht, wie? Ganz einfach: Werden Sie Teil des »Team Frankfurt Klimaschutz« und fangen Sie mit Kleinigkeiten im Alltag an. Anregungen hierzu finden Sie in diesem Buch oder unter klimaschutz-frankfurt.de. Das Energiereferat der Stadt Frankfurt führt ein »Klimasparkonto« für alle Frankfurter:innen, auf das nicht mehr benötigte CO_2-Emissionen eingezahlt werden können. Schreiben Sie einfach eine E-Mail an **klimasparen@stadt-frankfurt.de** und beschreiben Sie, was Sie für den Klimaschutz tun. Zum Beispiel: Wenn Sie täglich mit dem Fahrrad statt mit dem Auto zur Arbeit fahren, sparen Sie bei einem Weg von fünf Kilometern jährlich ca. 425 Kilogramm CO_2. Dieser Wert wird auf dem Klimakonto eingebucht und summiert sich dort mit anderen Beiträgen. Machen Sie mit und gewinnen Sie einen unserer attraktiven Preise in unserem Gewinnspiel auf Seite 111!

Top-10-Energiespartipps

Wäsche bei niedrigen Temperaturen waschen
Je heißer gewaschen wird, desto mehr Energie wird benötigt. Achten Sie außerdem darauf, dass die Maschine voll beladen ist.

Wäsche auf der Leine trocknen, statt im Trockner
Trocknet man seine Wäsche an der frischen Luft, statt im Wäschetrockner, verbraucht man keinen Strom und spart Geld. Bei 50 Ladungen macht das bis zu 25 Euro aus.

Kürzer Duschen mit Spar-Duschkopf
Ein Wasserspar-Duschkopf senkt den Wasserdurchfluss von acht auf etwa fünf Liter pro Minute. Wer statt fünf Minuten nur drei Minuten duscht, braucht weniger Energie zum Aufwärmen des Wassers.

Heizung fit machen
Heizkörper entlüften, hydraulischer Abgleich, programmierbare Thermostate installieren, Raumtemperatur um ein Grad absenken: Damit sparen Sie Energie und vermindern die Abhängigkeit von Energielieferungen.

Klimaanlagen vermeiden
165 Kilogramm CO_2 stößt eine Klimaanlage aus, wenn sie an 30 Tagen im Jahr acht Stunden läuft. Auf Seite 59 stellen wir Ihnen gute Alternativen für die Erfrischung zuhause vor!

Seiten einfach raustrennen und zur
Erinnerung an den Kühlschrank heften.

Im Homeoffice arbeiten
Wer zum Beispiel jeden Tag knapp zehn Kilometer
mit dem Auto zur Arbeit fährt, verursacht pro Jahr im
Schnitt fast eine halbe Tonne CO_2. Videokonferenzen
sind klimafreundlicher als Dienstreisen.

Spritsparend Auto fahren
Wer langsamer, vorausschauend und niedertourig fährt,
kann im Jahr leicht 160 Liter Benzin sparen – und damit
jede Menge CO_2.

Fahrgemeinschaften nutzen
Auf diesem Weg lassen sich nicht nur die Spritkosten
aufteilen, sondern auch die durch die Fahrt verursach-
ten CO_2-Emissionen.

Urlaub mit dem Zug statt mit dem Flugzeug
Die CO_2-Emissionen pro Fluggast liegen etwa vier mal so
hoch wie bei der Bahn. Wenn man den Urlaub gut plant
– zum Beispiel auch mit Nachtzügen – sind viele Ziele in
Europa von Frankfurt aus angenehm zu erreichen.

Fleischkonsum verringern
Die Umstellung auf fleischreduzierte, vegetarische
oder vegane Ernährung sowie ein bewusster Einkauf
regionaler, saisonaler und biologischer Lebensmittel
spart haufenweise CO_2 ein.

Der ökologische Fußabdruck

Über den ökologischen Fußabdruck

Ob Kleidung, Lebensmittel, Energie und Baumaterial – unser Wohlstand, ja unser gesamtes Leben hängt davon ab, was die Natur uns zur Verfügung stellt. Das geht so lange gut, wie die Ökosysteme als Quelle von Rohstoffen und als Aufnahmeort von Schadstoffen nicht übernutzt werden. Die Frage an uns als Gesellschaft lautet: Was müssen wir tun, damit alle Menschen auf dieser Erde gut leben können? Die Frage, die sich jeder selbst stellen kann: Wie viele Ressourcen nutze ich durch meinen Lebensstil? Bei der Beantwortung dieser Fragen hilft der »ökologische Fußabdruck«.

Berechnen Sie Ihren persönlichen ökologischen Fußabdruck unter fussabdruck.de.

Wie viele Lebensmittel werfe ich weg?

Kaufe ich saisonal und regional?

ERNÄHRUNG

Kaufe ich Bio-Lebensmittel?

Wie oft esse ich tierische Lebensmittel?

Wie oft brauche ich ein neues Handy?

Trage ich hochwertige Kleidung oder »Wegwerfkleidung«?

KONSUM

Wie oft kann ich mein Fahrrad nutzen?

Wie viel Müll verursache ich pro Woche?

MOBILITÄT

Wie oft fliege ich im Jahr?

Nutze ich Bus und Bahn?

Wie viel Platz bewohne ich?

WOHNEN

Nutze ich Öko-strom?

Ist meine Wohnung isoliert?

BAUEN

Womit heize ich?

Der eigene Energieverbrauch und dessen Wirkung auf das Klima

Sich selbst die Frage zu stellen, wo und wie wir Energie einsparen können, lohnt sich nicht nur in Bezug auf steigende Energiepreise. Besonders im Hinblick auf Ihren eigenen CO_2-Fußabdruck können Sie hier viel bewirken. Aus diesem Grund liegt der Themenschwerpunkt des diesjährigen Klimasparbuchs auf dem Energiesparen. Hierzu zählen sowohl energieeffizientes Heizen als auch das Einsparen von Strom. Im Jahr 2021 lag der CO_2-Ausstoß pro Kilowattstunde im deutschen Strommix bei rund 485 Gramm. Jede gesparte Kilowattstunde hat demnach eine Verringerung des ökologischen Fußabdrucks zur Folge. Die Top-10-Energiespartipps auf den Seiten 8 und 9 können beim Energiesparen Orientierung geben. Weitere Tipps entnehmen Sie den folgenden Kapiteln. Auf co2online.de finden Sie unter dem Suchbegriff »Stromverbrauch im Haushalt« einen Rechner, mit dem Sie Ihren Stromverbrauch vergleichen und optimieren können.

Gesünder essen und genießen

Werden Sie mit unseren Anregungen zum Klimagourmet, und lassen Sie sich überraschen, wie einfach, vielfältig und genussreich eine klimaschonende Ernährung sein kann. Lebensmittel aus regionaler und biologischer Erzeugung gibt es zum Glück beinahe an jeder Ecke.

FREDERIKE GUGGEMOS

von den Gemüsehel:innen,
gemueseheldinnen-frankfurt.de

Was steckt hinter der Idee der Gemüseheld:innen?

In insgesamt 19 Gemeinschaftsgärten und auf der Frankfurter Stadtfarm bauen Ehrenamtliche Obst und Gemüse an. Mit einer Kombination aus Permakultur und Market Gardening wollen wir zeigen, wie die städtische Landwirtschaft von morgen aussehen könnte. Dazu bieten wir Veranstaltungen, Mitmachaktionen und Bildungsprojekte für kleine und große Gärtner:innen an.

Welche Standorte eignen sich für eure Gemeinschaftsgärten?

Grünanlagen, Parks, Kleingärten, private Gärten, Firmengelände – ja sogar größere Verkehrsinseln und Dächer können zu Gemeinschaftsgärten werden. Gemüsepflanzen mögen es am liebsten sonnig, und ein Wasseranschluss sollte in der Nähe sein – dann braucht es nur noch ein paar Anwohner:innen, die Lust zum Gärtnern haben.

Welchen persönlichen Pflanztipp habt Ihr für die Frankfurter:innen?

Sogenannte Unkräuter einfach essen und die von Gemüseheldin Chris kreierte leckere »Wilde Grüne Soße« herstellen: Einfach Taubnessel, Lungenkraut, Löwenzahn, Knoblauchsrauke, Giersch, Brennnessel und Sauerampfer kleinschneiden und mit Quark, saurer Sahne, Senf, Salz, Pfeffer und Öl vermischen.

Landwirtschaft in der Stadt

Unter dem aktuellen Trend »Urban Farming« versteht man jegliches Gärtnern im städtischen Raum, das Lebensmittel produziert. So finden Sie urbane Landwirtschaft auf Hausdächern, Brachflächen oder Grünflächen in der Stadt. Das bietet viele Vorteile: Soziales Miteinander, aktive Beteiligung an der Stadtgestaltung sowie Bewusstseinsbildung für den Wert unserer Nahrungsmittel. Vor Ort produzierte Lebensmittel haben den riesigen Vorteil, dass sie keine zigtausend Kilometer transportiert werden müssen, um im eigenen Einkaufswagen zu landen. So spart man jede Menge klimaschädlicher CO_2-Emissionen. Zudem wird ein aktiver Beitrag zur Artenvielfalt beispielsweise von Insekten geleistet. Urbanes Gärtnern verlangt natürlich Pflege und Verantwortliche. In Frankfurt gärtnern die Gemüseheld:innen gemeinsam für eine blühende Stadtlandschaft und freuen sich über Unterstützung.
gemueseheldinnen-frankfurt.de

Städte gegen Food Waste

Die Stadt Frankfurt engagiert sich gegen Lebensmittelverschwendung und wird Teil der Initiative »Städte gegen Food Waste«. Die Initiative bringt deutschlandweit engagierte Städte in einem Netzwerk zusammen, um die Lebensmittelrettung auf lokaler Ebene maßgeblich voranzutreiben. Gegründet wurde die Initiative von »Too Good To Go«. Im Mittelpunkt steht die Umverteilung überschüssiger Lebensmittel, sowie die Aufklärung über Lebensmittelverschwendung. Denn in Deutschland werden pro Jahr rund zwölf Millionen Tonnen Lebensmittel weggeworfen (Quelle: bmel.de). Der überwiegende Teil kommt aus privaten Haushalten. In Frankfurt sind das etwa 61.000 Tonnen pro Jahr (Quelle: Umweltamt Frankfurt). Neben der Vergeudung von Ressourcen schadet Lebensmittelverschwendung dem Klima: Laut Schätzungen der Umweltschutzorganisation WWF ist sie für zehn Prozent der globalen Treibhausgasemissionen verantwortlich und damit ein Haupttreiber der Klimakrise. Weitere Infos unter staedtegegen-foodwaste.de.

Lebensmittel retten mit der richtigen App!

Restegourmet
Einfach einen Vorrat anlegen und alles eintragen, was Sie noch zuhause haben. Anschließend schlägt die App Rezepte aus Ihren Resten vor.

PlantJammer
Über ein Ernährungsziel können Sie die Rezepte eingrenzen, die für Ihre Vorräte in Frage kommen. Aus einer Klassiker-Liste lassen sich dann immer neue Gerichte zaubern.

Too Good To Go
Die App gegen Lebensmittelverschwendung! Für wenig Geld können Sie am Abend Lebensmittel von Bäckereien und Restaurants kaufen und diese vor der Tonne retten.

Richtig gelagert, hält länger

Passiert es Ihnen häufiger, dass Sie Nahrungsmittel entsorgen, weil sie nicht mehr gut sind? Werfen Sie vor dem nächsten Einkauf einen Blick in den Vorrats- und Kühlschrank, und prüfen Sie, was noch vorhanden ist. So vermeiden Sie Doppelkäufe. Dabei hilft z. B. die »Speisekammer«-App.

Durch die richtige Lagerung bleiben Lebensmittel länger frisch. Fisch, Fleisch und Milchprodukte müssen im Kühlschrank gelagert werden. Gemüse hat unterschiedliche Vorlieben: Kartoffeln und Zwiebeln mögen es kühl und dunkel, im Kühlschrank ist es ihnen jedoch zu kalt und feucht. Bei Obst kommt es auf die Herkunft an: regionale Sorten mögen es kühl, exotische meist nicht. Äpfel und Tomaten sollten zudem separat gelagert werden, da sie andere Obst- und Gemüsesorten schneller reifen lassen.

Backwaren sind in Baumwolltüchern und Brotbeuteln gut aufgehoben, Trockenprodukte wie Nudeln oder Kaffee bewahren Sie am besten in einem luftdicht verschlossenen Behälter auf. Mehr Infos gibt es unter zugutfuerdietonne.de.

Der Kühlschrank-Guide:
auf die richtige Temperatur-Zone kommt es an

Mit einem Temperaturunterschied von etwa sechs Grad ist die Kühlschranktemperatur oben wärmer als unten, weil kalte Luft absinkt. Daher ist das oberste Kühlschrankfach für Haltbares wie Aufstriche oder eingelegte Oliven geeignet. Kühler mögen es Milch-Produkte: sie sind auf der mittleren Ebene gut aufgehoben. Fleisch und Fisch werden schnell schlecht und sollten über dem Gemüsefach gelagert werden. Bei Salat und Kohl hilft ein einfacher Trick: in ein feuchtes Tuch wickeln und ab in den Kühlschrank. Schrumpelige Karotten oder Radieschen erlangen ihre alte Schönheit durch ein Wasserbad zurück. In die Kühlschranktür gehören Getränke, Butter, Eier, tierische und pflanzliche Milch. Übrigens hilft das »First In, First Out«-System Verschwendung vorzubeugen: Frisch Gekauftes sollte hinten aufbewahrt werden, älteres vorne.

KÄSE & RESTE
EIER & BUTTER
MILCHPRODUKTE
MARMELADE, KETCHUP, KONSERVEN
FISCH & FLEISCH
OBST & GEMÜSE
GETRÄNKE

Grafik von einbisschengruener.com

Saisonkalender

Legende: F = aus Freiland-Anbau (erste Wahl, grün) · L = aus Lagerung (zweite Wahl, blau) · G = aus dem Gewächshaus (dritte Wahl, orange)

Gemüse

	Jan	Feb	März	April	Mai	Juni	Juli	Aug	Sep	Okt	Nov	Dez
Blumenkohl						F	F	F	F	F		
Brokkoli						F	F	F	F	F	F	
Erbsen						F	F	F				
Kartoffeln	L	L	L	L	L	F	F	F	F	F	L	L
Kürbis	L	L	L					F	F	F		L
Radieschen				G	G	F						
Rhabarber					F	F						
Rote Bete	L	L				F	F	F	F	F	L	L
Salat (Eisberg-)						F	F	F	F	F		
Salat (Feld-)	F			G	F				F	F	F	F
Salatgurken					G	F	F	F	F	G		
Spargel				F	F	F						
Spinat	G	G		F	F				F	F	G	G
Tomaten					G	G	F	F	F	F		
Zucchini						F	F	F	F	F		
Zwiebeln	L	L	L	L	L	F	F	F	F	F	L	L

Obst

	Jan	Feb	März	April	Mai	Juni	Juli	Aug	Sep	Okt	Nov	Dez
Äpfel	L	L	L					F	F	F	L	L
Erdbeeren					F	F	F					
Pfirsiche								F	F			
Süßkirschen						F	F					
Zwetschgen							F	F				

● aus Freiland-Anbau (erste Wahl) ● aus Lagerung (zweite Wahl)
● aus dem Gewächshaus (dritte Wahl)

Regional genießen

Ein umweltverträglicher Einkauf kann viele Facetten haben: Bio, saisonal, regional – doch wo anfangen? Mit Obst und Gemüse der Saison, das aus der Region kommt, tun Sie schon sehr viel für das Klima. Zusätzlich auf Bio-Qualität zu achten, verstärkt den Effekt positiv. Auch exotische Früchte dürfen mal dabei sein: Achten Sie bei importierten Lebensmitteln auf das Transportmittel und vermeiden Sie Flugware. Setzen Sie insbesondere bei Kirschen und Erdbeeren auf die aromatischen heimischen Exemplare während der Saison, statt im Winter nach Import-Ware zu greifen. Denn was in der Saison vor Ort wächst, schmeckt viel besser, da es frischer bei Ihnen ankommt. Aber seien Sie vorsichtig bei regionalem Obst und Gemüse außerhalb der Saison. Das muss meist energieaufwendig in beheizten Gewächshäusern angebaut werden oder das Produkt lagert lange Zeit in Kühlhäusern. Da verschwindet der Vorteil der kurzen Transportwege schnell. Wenn Sie diese drei Schritte – saisonal, regional, bio – beachten, verbessern Sie die Klimabilanz Ihrer Lebensmittel schon ganz erheblich.

Mit der »MarktFee«-App, der »hofly«-App oder im Rhein-Main-Guide auf der Klimagourmet-Website finden Sie regionale Anbieter:innen in Ihrer Nähe und können Lebensmittel nach Hause bestellen oder selbst abholen.

Der Regenwald, mein Steak und ich

Die konventionelle Fleischindustrie hat Konsequenzen für Klima, Umwelt und Mensch: Sie ist mitverantwortlich für die Abholzung großer Gebiete des tropischen Regenwaldes und wirkt sich auf die Gesundheit des Bodens und die Biodiversität aus. So führen Rodungen für den Anbau von eiweißreichen Futtermitteln wie Soja und Mais für die intensive Tierhaltung zum Verlust eines der wichtigsten CO_2-Speicher der Erde. Mehr dazu erfahren Sie in der Klimagourmet-Ausstellung und auf der nächsten Seite.

Um den Regenwald zu schützen, setzen Sie auf regionale und saisonale Produkte aus biologischem Anbau. Durch den Fokus auf eine fleischarme Ernährung schützen Sie den Regenwald, da weniger Flächen gerodet werden. Denn: Das Soja für Fleischersatzprodukte wird häufig in Europa angebaut! Um herauszufinden, welche Produkte nachhaltig hergestellt wurden, können Sie beim Einkaufen beispielsweise die App »CodeCheck« nutzen.

Danke

dass Du weniger Fleisch isst

Mehr als die Hälfte des Getreides in Deutschland landet im Futtertrog. Schon mit zwei vegetarischen Mahlzeiten pro Woche spart man im Jahr **100 kg CO₂**. Und das Getreide kann besser verwendet werden.

KLIMAGOURMET

Werden Sie zum Klimagourmet!

Besuchen Sie die interaktive Klimagourmet-Ausstellung rund um klimafreundlichen Genuss. Die von der UNESCO mehrfach ausgezeichnete Wanderausstellung liefert Denkanstöße und Anregungen für eine klimafreundliche Ernährung und besteht aus elf Stationen. Alle Stationen wurden überarbeitet und sind nun auch auf Englisch zu erfahren. Das Energiereferat hat darüber hinaus einen digitalen Zwilling der Wanderausstellung entwickelt. klimagourmet.de/angebot/wanderausstellung

»Wir haben den Zusammenhang zwischen Klimaschutz und Ernährung noch intensiver herausgearbeitet und die einzelnen Stationen um neue anschauliche Elemente erweitert«, berichtet Paul Fay, stellvertretender Leiter des Frankfurter Energiereferats. »So zeigen beispielsweise bei der Station ›Besiegelt‹, kleine Teppiche mit der Struktur eines Spaltenbodens, einer Wiese und der Struktur von Heu, wie viel Platz und Lebensqualität Schweine bei den unterschiedlichen Haltungsformen haben«.

23

Initiativen und Adressen

Frankfurt hat viele spannende Initiativen zu bieten –
Neue Aktive sind immer gerne gesehen!

Der **Ernährungsrat Frankfurt** tritt für den Konsum guter Lebensmittel aus regionaler und saisonaler Produktion ein, zum Wohle der Gesundheit und des Klimas. **ernaehrungsrat-frankfurt.de**

Der **ShoutOutLoud e.V.** möchte durch kleine Projekte lokal Nachhaltigkeit fördern. Der Fokus liegt hierbei auf den Themen Lebensmittelverschwendung im Speziellen und Ressourcenverschwendung im Allgemeinen. **shoutoutloud.eu**

Die **Kooperative** versorgt Sie wöchentlich mit individuellen Ernteanteilen, bestehend aus Gemüse, Obst und Eiern des Anbaus auf der Frankfurter Cityfarm, sowie vielfältigen Bio-Produkten der Kooperationshöfe in der Region. **diekooperative.de**

Die Teilprojekte **KlimaFrühstück** und **KlimaSnackbar** der Verbraucherzentrale zeigen Schüler:innen anhand eines gemeinsamen Frühstücks bzw. Snacks, dass ihre Lebensmittelauswahl Einfluss auf die Klimaproblematik hat. **verbraucherzentrale-hessen.de**

Bei **Bienenretter** stehen Biene, Umwelt und Mensch im Sinne einer nachhaltigen Entwicklung in der Stadt im Zentrum des Engagements. Zahlreiche Mitmachangebote rund um die Biene wie Pflanzaktionen oder eine Bienenpatenschaft lassen sich entdecken unter **bienenretter.de**

Der **foodsharing Frankfurt am Main e.V.** rettet bereits seit 2014 ehrenamtlich noch genießbare Lebensmittel vor der Tonne und verteilt sie weiter. **foodsharingfrankfurt.org**

Bewusster leben und konsumieren

Weniger ist mehr. Wenn Sie nur kaufen, was Sie wirklich brauchen, sparen Sie nicht nur Geld, Platz und Energie, sondern schonen auch das Klima. Außerdem macht es Spaß, Dinge zu tauschen, zu verschenken und zu reparieren, anstatt sie zu entsorgen – es erweitert den Horizont! Welche ressourcenschonenden und damit energiesparenden Alternativen es in Frankfurt gibt, erfahren Sie auf den nächsten Seiten.

ALMA

Inhaberin des Oständ Stores,
ostaendstore.de

Was ist das Besondere am Oständ Store?

Wir sind eine Plattform für junge, regionale Labels, die zum Großteil aus Frankfurt und Umland kommen. Unsere Basis ist Fair-
ness und Nachhaltigkeit. Dabei ist alles liebevoll hergestellt und
wir wertschätzen lokale Kunst – das sieht man schon an unserem kreativen Schaufenster! Daneben bieten wir auch ein vielfäl-
tiges Programm wie Sound Bath (Klangreisen), Aquarell malen
sowie Makramee Workshops oder planen besondere Abende wie
Junggesellinnenabschiede oder PopUp-Bar Events.

**Welche Bedingungen muss ein Label erfüllen, um im Store
präsentiert zu werden?**

Wir setzen auf Regionalität und Besonderheit. Unser Konzept
besteht hauptsächlich aus Mietbeteiligung und weniger aus
zugekauften Waren. Schon vorhandene Hauptprodukte schließen
wir aus.

Was wünscht ihr euch für die Zukunft?

Uns liegen wichtige Themen am Herzen, wie z. B. Fast Fashion
und dessen Folgen. Auf diese Themen möchten wir weiter
aufmerksam machen. Nach mehreren Jahren der Krisen möchten
wir der Community in unserem Store und mit unserem Programm
Inspirationen und positive Vibes bieten.

Der ökologische Rucksack

Der ökologische Fußabdruck und der ökologische Rucksack sagen beide etwas über die Belastung der planetaren Ressourcen aus. Der entscheidende Unterschied: Der ökologische Fußabdruck gibt die Fläche an, die nötig ist, um unseren Lebensstil zu bedienen. Der ökologische Rucksack gibt das Gewicht aller Ressourcen an, die für die Produktion, Nutzung und Entsorgung eines Gutes benötigt werden.

Der ökologische Rucksack gibt also in Mengeneinheiten eine Antwort auf die Frage, wie viele natürliche Ressourcen ein Gut im Verlauf seines Lebenszyklus verbraucht. So trägt ein 80 Gramm schweres Mobiltelefon einen 75 Kilogramm schweren ökologischen Rucksack mit sich herum! Dieses Gewicht steht nicht für das Eigengewicht des Mobiltelefons, sondern ist der in Kilogramm gemessene Materialbedarf eines Produktes über seinen gesamten Lebenszyklus hinweg, z. B. die Rohstoffgewinnung in einer Coltanmine oder den Betrieb des Mobilfunknetzes. Es gilt: Je leichter, desto besser. Das Endgewicht Ihres ökologischen Rucksacks können Sie unter ressourcen-rechner.de berechnen.

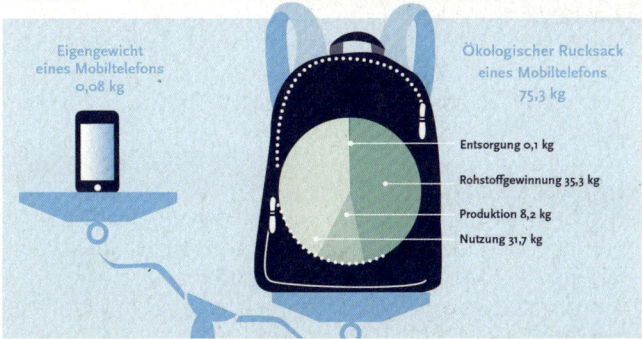

Eigengewicht
eines Mobiltelefons
0,08 kg

Ökologischer Rucksack
eines Mobiltelefons
75,3 kg

Entsorgung 0,1 kg

Rohstoffgewinnung 35,3 kg

Produktion 8,2 kg

Nutzung 31,7 kg

Quelle: informationszentrum-mobilfunk.de

Lernen rund ums Klima

Der Verein Umweltlernen in Frankfurt e. V. bietet Materialien für das Lernen rund ums Thema Klimakrise. Ob vor Ort oder digital – mit Hilfe anschaulicher Materialien und Experimente werden abstrakte Zusammenhänge einfach erklärt. So wird den Schüler:innen per Videoclip der Treibhauseffekt erklärt, sie können bei der Streuobstwiesen-Rallye in die Rolle einer Biene schlüpfen, beim virtuellen Rundgang die Kräuter der klimafreundlichen Grünen Soße entdecken oder von den Auswirkungen des Klimawandels auf den Alltag von Kindern in aller Welt erfahren.

Mit ihren Erkenntnissen entwickeln die Schüler:innen dann konkrete Handlungsoptionen: So kann z.B. im »Energiesparprojekt« ein Plan fürs Energiesparen in der eigenen Schule aufgestellt werden. Dabei sind sowohl Schüler:innen als auch Lehrkräfte gefragt. Das eingesparte Geld kommt den teilnehmenden Schulen zugute. Mehr Informationen unter umweltlernen-frankfurt.de.

Lesen über den Klimawandel

Ab sofort finden sich auf Initiative des Energiereferats über 30 neue Medien rund um Klimaschutz, erneuerbare Energien und klimafreundliche Lebensstile im Angebot der Frankfurter Stadtbücherei. Die Ratgeber und Dokumentationen regen zum nachhaltigen Umgang mit Rohstoffen an und sensibilisieren für den Klimaschutz. Denn wer versteht, worum es beim Klimaschutz geht und was er oder sie selbst tun kann, fängt an zu handeln. Die neuen Bücher zum Thema Klimaschutz in der Frankfurter Stadtbücherei haben noch einen weiteren Effekt: Jede:r kann sie ausleihen und trägt damit auch zum Klimaschutz bei. Interessierte können unter katalog.stadtbuecherei.frankfurt.de mit dem Stichwort »Klimaschutz« nach den neuen Medien suchen und sich diese – mit einem Bibliotheksausweis – ressourcenschonend ausleihen.

Weniger Müll, besseres Klima

Frankfurt am Main will »Zero Waste City« werden! Ziel dieser europaweiten Initiative ist es, Abfall möglichst gar nicht erst entstehen zu lassen und ihn ansonsten wiederzuverwenden, um genutzte Ressourcen im Kreislauf zu behalten. zerowastecities.eu

Ein Großteil der weltweiten Treibhausgas-Emissionen sowie der Biodiversitätsverluste kann auf die Gewinnung und Verarbeitung von Ressourcen zurückgeführt werden. Abfälle gar nicht erst entstehen zu lassen, verhindert die Vernichtung von Rohstoffen und spart Energie. Bis zu drei Viertel der Abfälle in Restmülltonnen sind Wertstoffe, die dem Kreislauf verloren gehen. Viele Infos rund ums Thema der richtigen Mülltrennung bietet das Abfall-ABC der FES: fes-frankfurt.de/abfall-abc. Für weniger Müll und mehr Sauberkeit in der Stadt setzt sich auch die Initiative cleanffm ein: cleanffm.de.

Unverpackt leicht gemacht

Eine sehr effiziente Möglichkeit, im Alltag umweltbewusst und müllreduziert zu handeln, ist es, Verpackungen zu vermeiden. Mit wenig Aufwand sparen Sie so eine Menge Ressourcen. Besonders leicht geht das in den Frankfurter Unverpackt-Läden gramm.genau, Ulf un:verpackt! und Die Auffüllerei. Aber auch auf dem Wochenmarkt, der Frischetheke und im Supermarkt lassen sich Verpackungen sparen. Probieren Sie es aus: Fragen Sie beim nächsten Besuch in der Bäckerei, ob die Brötchen auch in den eigenen Beutel gepackt werden können. Damit Sie diesen immer griffbereit haben, verstauen Sie einfach einen in Ihrer (Einkaufs-) Tasche.

Auch für das Mittagessen to go gibt es verpackungsfreie Alternativen. Entweder die eigene Dose mitbringen oder auf ein Pfandsystem setzen. Eine Übersicht von Läden, in denen unverpackt einkaufen möglich ist, finden Sie unter einmalohnebitte.de. Mehr Informationen zum Thema gibt es außerdem unter ernaehrungsrat-frankfurt.de.

Grüne Ohren – Nachhaltige Podcasts

Podcasts lassen sich bequem überall und jederzeit hören. In unserer Auswahl finden Sie vier Podcasts rund ums Thema Klimaschutz. Hören Sie doch mal rein:

1,5 Grad – der Klima-Podcast mit Luisa Neubauer
Die Klimaaktivistin Luisa Neubauer geht Fragen rund um den globalen Klimawandel nach. Hierzu spricht sie mit Menschen, die zur Bekämpfung der Krise beitragen.

Der oekom Podcast – Die guten Seiten der Zukunft
Wie wir mit frischem Denken und beherztem Tun das Beste aus unserer Zeit holen, erklären Vordenker:innen im gemeinsamen Podcast des oekom verlags und des oekom vereins.

Umwelt und Verbraucher – Deutschlandfunk
Perfekt für den schnellen Informationsboost zu klimabezogenen Themen. Hier können Sie Ihr Wissen auf den neusten Stand bringen und erfahren, was Sie zur Verbesserung der Gesundheit unseres Planeten beitragen können.

Podcast zur Energiezukunft
Zu den facettenreichen Themen rund um Energie und Klimaschutz laden Holger Schäfer und Katharina Klein Expert:innen zum Dialog ein. Jede Podcast-Folge fokussiert ein Schwerpunktthema.

Frankfurt macht mit – Earth Hour

Zur jährlichen Earth Hour setzen weltweit Millionen von Menschen ein Zeichen für Frieden, Umwelt- und Klimaschutz. Auch in Frankfurt am Main wird jedes Jahr die Skyline verdunkelt. Mehr als 170 Unternehmen, Kirchen, Institutionen und Ämter haben 2022 mitgeholfen und zur Earth Hour die Beleuchtung ihrer Gebäude ausgeschaltet und ihre Teilnahme in der Earth Hour Galerie der Stadt Frankfurt am Main dokumentiert. Seien Sie am 25. März 2023 dabei, und melden Sie Ihr Unternehmen an unter klimaschutz-frankfurt.de

Initiativen und Adressen

Diese Frankfurter Initiativen sind in Sachen nachhaltiger Konsum aktiv und freuen sich über Unterstützung!

Zero Waste Frankfurt zeigt auf der zugehörigen Karte, wo in Frankfurt überall müllfrei eingekauft werden kann. zerowastefrankfurt.de/karte

Der **#MainBecher** ist plastikfrei, kompostierbar und regional produziert. mainbecher.de.

Mehr Sauberkeit und mehr Lebensqualität möchte die Initiative **#cleanffm** erreichen. Alle, die dabei sein möchten, sind herzlich willkommen. cleanffm.de

Jeden Samstag (Feiertage ausgenommen) lädt der **Frankfurter Flohmarkt** zur »Schnäppchenjagd« an den Schaumainkai oder in den Osthafen 1 ein. hfm-frankfurt.de/flohmaerkte

In Repair Cafés bekommt man in angenehmer Café-Atmosphäre kostenlos Hilfe bei der Reparatur von kaputten Haushaltsgegenständen. Repair Cafés in Frankfurt finden Sie hier:

repaircafefrankfurt.de

Bei **EINZIGWARE** bekommen Gegenstände durch Upcycling ein neues Leben, hergestellt von langzeitarbeitslosen Menschen. einzigware.de

Mit Aktien der **Bürger AG** unterstützen Sie mit Ihren Investitionen die soziale und umweltverträgliche Bio-Branche in der Region. buerger-ag-frm.de

Der **Verein Umweltlernen e. V.** bringt Kindern und Jugendlichen Klima- und Umweltschutz in altersgerechten Workshops und Aktionen näher. umweltlernen-frankfurt.de

Frankfurt Green City zeigt, was nachhaltige Stadtentwicklung für eine wachsende Stadt im Klimawandel bedeuten kann. frankfurt-greencity.de

Die **Stadt Frankfurt** fördert Klimaschutzprojekte mit bis zu 2.000 Euro als Sachkostenzuschuss. Alle Infos finden Sie unter frankfurt.de/foerderung-buerger.

Nachhaltig unterwegs sein

Zur Arbeit, in den Urlaub, Freunde besuchen, ausgehen: Unsere Mobilität ist für fast ein Viertel unseres persönlichen CO_2-Ausstoßes verantwortlich – beachtlich! Die gute Nachricht: Hier können Sie entsprechend viel bewirken.

SVEN HELPENSTELLER

Inhaber der Wohnzimmer-Werkstatt,
wohnzimmer-werkstatt-ffm.de

Was steckt hinter der Idee der Wohnzimmerwerkstatt?
Einen Platz zu schaffen, an dem man das eigene Fahrrad selbst reparieren kann. Nicht neu kaufen, sondern reparieren ist hier das Motto! Alle benötigten Ersatzteile und Pflegemittel sind vorhanden. Bei Bedarf helfen meine Reparatur-Workshops oder YouTube-Videos bei der Vorbereitung.

Wie unterscheidet sie sich von anderen Fahrradwerkstätten?
Hier kann man ohne Anmeldung vorbeikommen und das Fahrrad selbst reparieren. Das bedeutet geringere Kosten und keine Wartezeit auf einen Reparaturtermin. Außerdem macht es Spaß! Runderneuerte Gebrauchträder biete ich ebenfalls an.

Welchen Tipp haben Sie für nachhaltige Mobilität in Frankfurt?
So oft es geht, das Fahrrad (oder den ÖPNV) zu nutzen. Man benötigt in einer Großstadt i.d.R. kein Automobil! Das würde bedeuten: weniger Lärm, Gestank, Feinstaub und Stress für alle Stadtbewohner, dafür mehr Platz, Fitness und Entspanntheit.

Firmenrad leicht gemacht

Sie wollten sich schon immer für eine zukunftsfähigere Mobilität einsetzen? Dann ist ein »Jobrad« genau das Richtige für Sie. Das funktioniert so: Arbeitnehmer:innen tauschen einen Teil ihres Brutto-Arbeitslohns gegen ein Dienstrad ein, das auch privat genutzt werden kann. Die bekannteste Plattform für Dienstfahrrad-Leasing (engl. Leasing – Miete, Pacht) in Deutschland ist jobrad.org.

Die Vision von JobRad ist es, allen Berufstätigen ein Dienstfahrrad, egal ob herkömmliches Fahrrad oder E-Bike, anstelle des Dienstwagens zu ermöglichen und damit eine nachhaltigere Mobilität zu unterstützen. Ein Jobrad lohnt sich, wenn Arbeitnehmer:innen mindestens drei Jahre im Unternehmen bleiben. Am Schluss der 36-monatigen Leasing-Laufzeit kann das Fahrrad günstig gekauft oder in gutem Zustand zurückgegeben werden. Andere Anbietende sind z. B. eurorad.de, lease-a-bike.de, businessbike.de.

WENIGER
KLIMASCHMUTZ
MEHR
KLIMASCHUTZ

Zukunft
ist unser
Antrieb.

Mit alternativen Antrieben
gemeinsam für die Klima-
wende in Frankfurt.

 mehr.rmv-frankfurt.de/zukunft

Stand: Mai 2021 © traffiQ Frankfurt am Main

Mit alternativen Antrieben gemeinsam für das Klima

Der Frankfurter Stadtbusverkehr wird kontinuierlich auf emissions-
freie Fahrzeuge umgestellt, um einen noch nachhaltigeren Öffentlichen Personennahverkehr (ÖPNV) zu schaffen. Der Einsatz von
Fahrzeugen mit alternativen Antrieben verbessert die Luftqualität
in der Stadt und sorgt für eine deutliche Verminderung des Ge-
räuschpegels, die auch spürbar ist: Fahrgäste fahren ruhiger und
komfortabler. Die über 400 Fahrzeuge starke Busflotte ist eine der
umweltfreundlichsten bundesweit. Neben Fahrzeugen mit alternativen Antrieben, die ausschließlich mit Ökostrom geladen werden,
kommen Dieselbusse mit den höchsten Umweltstandards zum Einsatz. Frankfurter U-Bahnen, Straßenbahnen sowie die S-Bahn sind
traditionell elektrisch unterwegs.

Finden Sie die nächste Stromtankstelle

Wenn Sie in Frankfurt auf der Suche nach einer Stromtankstelle sind, sollten Sie sich den Klimaschutz-Stadtplan anschauen! Hier sind alle verfügbaren Ladesäulen verzeichnet. So erhalten Sie einen schnellen Überblick, wo sich in Ihrer Nähe eine Lademöglichkeit für E-Autos befindet. geoportal.frankfurt.de/klimaschutzstadtplan

Der aktualisierte Klimaschutz-Stadtplan der Stadt Frankfurt am Main kann noch mehr! Er liefert mit wenigen Klicks einen Überblick darüber, welche Klimaschutzaktivitäten die Bürger:innen, die Unternehmen, die Stadtverwaltung und andere Initiativen umgesetzt haben. Besuchen Sie doch mal eine der Photovoltaikanlagen, schauen Sie, wo Blockheizkraftwerke im Einsatz sind und informieren Sie sich über Einzelheiten in den Projektdatenblättern. Auch die Repair-Cafés sind im Plan verzeichnet.

Zusammen fährt man weniger allein

Im Durchschnitt ist das Auto 23 Stunden am Tag kein Fahr-, sondern ein Stehzeug. Besser, Sie setzen auf Fahrgemeinschaften oder steigen auf Carsharing um. Das geht auch privat – indem Sie Ihr Auto an Nachbarn verleihen oder Mitfahrgelegenheiten anbieten und nutzen.

Ein angenehmer Nebeneffekt sind die geteilten Spritkosten, und Sie schließen neue Bekanntschaften. Klimafreundlicher ist es allemal, wenn sich mehrere Personen ein Fahrzeug teilen und so dessen Auslastung verbessern. Fahrgemeinschaften findet man z.B. unter fahrgemeinschaft.de, pendlernetz.de und adac-mitfahrclub.de.

Oder Sie nutzen das umfangreiche Carsharing-Angebot von Anbietern wie z.B. share-now.com, book-n-drive.de, snappcar.de, miles-mobility.com in Frankfurt.

Danke

**dass Du in Fahr-
gemeinschaften fährst.**
Bei einer Strecke von 10
Kilometern können bis zu **510 kg CO$_2$**
eingespart werden.

Klimaschutz mit Abenteuer-Potential – Geocaching in Bockenheim

Dank einer Bürger:innen-Idee gibt es in Frankfurt auch drei Geocaching-Touren, die lokale Klimaschutzaktivitäten sichtbar machen! An jeder Station gilt es Rätsel zu lösen, um einzelne Wegpunkte zu finden und am Ziel das Geheimnis der »Green City« zu lüften. Die Spieler:innen werden nebenbei auf offene Bücherschränke, Anlagen zu erneuerbarer Energie und energetische Gebäudesanierung aufmerksam gemacht.

Die drei Touren finden sich auf opencaching.de unter den Nummern OC129AE (F-Höchst/Liederbach), OC12A26 (F-Bockenheim) und OC12A27 (F-Nordend). Seit 2021 ist die Geocaching-Tour »Klimaschutz in Frankfurt-Bockenheim« auch auf dem kostenfrei nutzbaren Onlineportal »Geocaching« verfügbar.

Frankfurts grüne Lunge

Wer in Frankfurt ins Grüne will, muss nicht weit laufen. Egal, wo man gerade in der Stadt ist: Der nächste Park, die nächste Grünfläche oder das nächste Naherholungsgebiet ist nicht fern. Und doch gibt es einige Orte, die ein wenig abseits des Trubels der Mainmetropole liegen und weniger bekannt sind! Vom Eschbach im Norden zum Schwanheimer Mainufer im Süden, vom Berger Hang im Osten zum Niedwald im Westen: Die Stadt Frankfurt nimmt Sie in sechs Episoden der Videoreihe »Kleine Fluchten« mit in Frankfurts Grün. Lassen Sie sich für Ihre nächste Stadtentdeckung inspirieren. Ob Sie mit dem Berger Hang und dem Enkheimer Ried Naturschutzgebiete entdecken möchten oder die Seele am Schwanheimer Mainufer baumeln lassen wollen, entscheiden Sie. frankfurt.de/kleine-fluchten

Wohin geht Ihr nächster Ausflug?

Die Frage, wie und wohin wir reisen, schlägt sich auf unseren CO_2-Fußabdruck nieder: ca. 75 Prozent des touristischen Klima-Fußabdrucks entfallen alleine auf die An- und Abreise, 21 Prozent auf die Unterkunft und vier Prozent auf unsere Aktivitäten vor Ort. Grund genug, dieses Jahr einmal darüber nachzudenken, statt einer Flugreise spannende Ausflüge von Zuhause aus zu planen. Die eigene Wohnung stellt das Basis Camp dar, von dem man in Tagestrips die eigene Stadt und das nähere Umland erkundet. Das verbessert nicht nur den eigenen CO_2-Fußabdruck, sondern den gesamten Erholungswert des Sommers!

Alles auf einen Blick

In der interaktiven Karte auf klimaschutz-frankfurt.de/map finden Sie Ausflugsideen in und um Frankfurt. Immer einen Besuch wert ist der Monte Scherbelino. Dieser 47 Meter hohe Berg bietet eine vielfältige Tier- und Pflanzenwelt. Im Rahmen einer Führung können Sie diese Oase der Biodiversität entdecken. Ein echter Geheimtipp: Das Licht- und Luftbad LILU. In dieser Schutzzone lässt es sich unweit der Innenstadt entspannen, genießen und ein begrüntes Boot bestaunen! Mehr Tipps entdecken Sie unter klimaschutz-frankfurt.de.

📍 *Exotische Reiseziele im Rhein-Main-Gebiet*   📍 *Stationen von Mikroabenteuern in Frankfurt und Umgebung*

Initiativen und Adressen

Klimafreundlich mobil in Frankfurt? Dann sind Sie bei den folgenden Adressen genau richtig!

Hilfe zur Selbsthilfe: In der Werkstatt des **ADFC Frankfurt e.V.** bekommt man fachliche Anleitung zum Reparieren und Warten des eigenen Fahrrads, Werkzeug ist vorhanden! adfc-frankfurt.de, Suche: »Fahrradwerkstatt«

Bikesharing, Lastenrad & Co.: das **Radfahrportal** der Stadt Frankfurt am Main bietet alle Infos rund um das Thema Fahrrad. radfahren-ffm.de

Radeln für ein gutes Klima: Alle, die in der Stadt Frankfurt am Main wohnen, arbeiten, einem Verein angehören oder eine (Hoch-)Schule besuchen, können beim **STADTRADELN** mitmachen. stadtradeln.de/frankfurt

Die **VCD Regionalgruppe Rhein-Main** setzt sich für einen umwelt- und sozialverträglichen Verkehr in Frankfurt und Umgebung ein. hessen.vcd.org

Die Fahrraddemo **Critical Mass Frankfurt am Main** trifft sich immer am ersten Sonntag im Monat um 14 Uhr sowie am darauffolgenden Freitag um 19 Uhr an der Alten Oper. critical-mass-frankfurt.de

Main-Lastenrad ermöglicht das kostenlose Ausleihen von Lastenrädern. main-lastenrad.de

Mit **Velo Taxi** kommen Sie umweltverträglich an Ihr Ziel, der zugehörige Lieferservice transportiert Pakete durch die Stadt. velotaxi-frankfurt.de

Sachen auf Rädern transportiert Lasten CO_2-neutral auf Lastenrädern und trägt so zu einem klimaschonenden Transportwesen bei. sar-ffm.de

Grüner und schöner wohnen

Sie träumen von einem schönen Zuhause ohne hohe Energiekosten? Oft sind es die kleinen Maßnahmen, die den Geldbeutel und obendrein das Klima schonen. Hätten Sie gedacht, dass Sie durch richtiges Stoßlüften oder Waschen bei niedriger Temperatur tatsächlich Geld sparen können?

PETRA SPÖCK

Projektleitung Stromspar-Check
Caritasverband Frankfurt e. V.,
caritas-frankfurt.de/stromspar-check

Unter dem Begriff der Energiearmut versteht man die soziale Notlage, die durch hohe Energiepreise entsteht. Wie trägt der Caritas Stromspar-Check dazu bei, Betroffenen zu helfen?
Die Energiepreise sind eine Belastung und werden es bleiben. Haushalte mit geringem Einkommen oder Bezieher:innen von Sozialleistungen betrifft das besonders. Diesen bietet der Stromspar-Check des Caritasverbandes Frankfurt e. V. einen kostenlosen Stromspar-Check, durch den man viel Geld spart.

Energiesparen ist effektiver Klimaschutz. Welche Stellschrauben gibt es in jedem Haushalt, die man unbedingt überprüfen sollte?
Alte Glühbirnen, Kühlschränke und aufgedrehte Heizkörper bei gekipptem Fenster verbrauchen viel Energie. Kostenlose Soforthilfen im Wert von bis zu 70 Euro, pfiffige Energiespartipps und finanzielle Hilfe beim Austausch eines über zehn Jahre alten Kühlschranks helfen, bis zu 300 Euro Stromkosten jährlich einzusparen.

Was ist Ihr persönlicher Klimatipp?
Strecken bis zu 15 Kilometern fahre ich mit dem Fahrrad – keine Parkplatzsuche und gut für die Gesundheit!

Energiefresser im Haushalt

Ein Großteil des Stromverbrauchs in deutschen Haushalten entfällt auf die Nutzung von großen Haushaltsgeräten und Unterhaltungselektronik. Oftmals wird hierfür mehr Strom verbraucht, als nötig wäre. Diese Kosten können Sie leicht einsparen! Achten Sie beim Kauf von Elektrogeräten auf deren Stromverbrauch. Wer etwa beim Kühlen und Gefrieren auf neue, hocheffiziente Technik setzt, kann im Vergleich zu Geräten von 1998 bis zu 70 Prozent an Stromkosten sparen. Auch die Größe ist entscheidend: Ein kleinerer Kühlschrank verbraucht weniger Strom. Der Kühlschrank sollte kühl stehen, also nicht neben dem Ofen oder der Heizung, und idealerweise auf sieben Grad Celsius eingestellt werden. Und zu guter Letzt: Den Kühlschrank so selten und kurz wie möglich öffnen. Weitere Stromfresser sind Geräte, die auf »Standby« geschaltet sind. Das heißt sie verbrauchen Energie, obwohl sie nicht in Benutzung sind. Abhilfe schaffen Steckerleisten, die Sie bei Nicht-Benutzung einfach ausschalten können. Auch den Internetrouter über Nacht auszuknipsen spart Strom.

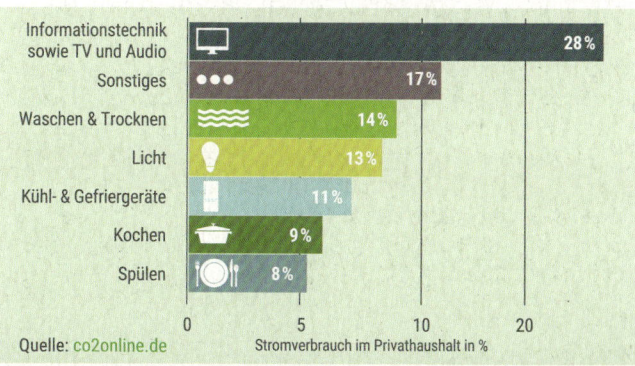

Quelle: co2online.de

Stromverbrauch im Privathaushalt in %

Informationstechnik sowie TV und Audio	28%
Sonstiges	17%
Waschen & Trocknen	14%
Licht	13%
Kühl- & Gefriergeräte	11%
Kochen	9%
Spülen	8%

Danke

dass Du Deine Wäsche auf der Leine trocknest

Wer im Sommer den Wäschetrockner vermeidet, spart leicht **25 Euro**.

Klimafreundlich Wäsche trocknen

Die Sache ist relativ einfach: Am klimafreundlichsten ist es, beim Wäschetrocknen auf Luft und Sonne zu setzen. Am besten funktioniert das auf der Leine im Garten, auf dem Balkon oder in einem Trockenspeicher oder -keller. Sind diese Möglichkeiten nicht gegeben, kann ein Trockner oder Trockenschrank sinnvoll sein. Achten Sie beim Kauf eines Trockners auf eine gute Energieeffizienzklasse. Die besten Modelle finden Sie in der Broschüre »Besonders sparsame Haushaltsgeräte«, die bei der Stadt Frankfurt unter 069 21239193 bestellt werden kann. Beim Gebrauch des Trockners gibt es ebenfalls Möglichkeiten, das Klima zu schonen: Je kräftiger die Wäsche geschleudert wurde, also mit z. B. 1.400 statt 800 Umdrehungen, desto schneller ist sie trocken.

Wie lese ich eine Stromrechnung?

Einmal im Jahr erhalten Sie von Ihrem Energieversorger eine Jahresendabrechnung. Um diese besser zu verstehen, haben wir die wichtigsten Punkte zusammengestellt:

- Auf der ersten Seite finden Sie den Jahresrechnungsbetrag abzüglich der bereits gezahlten Abschläge. Der Rest ist der nachzuzahlende Betrag oder die Gutschrift, wenn weniger verbraucht wurde als veranschlagt. Außerdem stehen dort die künftigen monatlichen Abschläge, die aus der vergangenen Verbrauchsperiode errechnet werden. Haben sich der Strompreis oder -verbrauch erhöht, steigen üblicherweise die Abschläge.

- Auf den weiteren Seiten der Stromrechnung finden Sie z. B. die Zählerstände zu Beginn und zum Ende des Abrechnungszeitraums. Daraus ergibt sich der Jahresverbrauch in Kilowattstunden, abgekürzt kWh.

- Der Strompreis setzt sich aus einem Grundpreis und einem Verbrauchspreis in Euro pro Kilowattstunde (kWh) zusammen.

Eine interaktive Musterrechnung mit einer guten Erklärung finden Sie beispielsweise unter co2online.de > Energie sparen > Strom sparen & Stromspartipps > Stromrechnung verstehen.

Richtig heizen, kühlen, lüften

Einen Großteil unserer Energie verbrauchen wir fürs Heizen. Durch zunehmend heiße Stadtsommer spielt jedoch auch das (energie-aufwändige) Kühlen eine immer größere Rolle.

Tipps für den Herbst und Winter:

Gluckernde Heizkörper entlüften: Die Luftblasen verhindern die Wärmezirkulation des Heizwassers. Mit einem Heizungsschlüssel ist das Entlüften ganz einfach. Prüfen Sie anschließend, ob der Wasserdruck der Heizung noch im grünen Bereich ist.

Heizkörper freihalten: Nur so können sie die Wärme in den Raum abgeben. Auch das Trocknen von Wäsche auf der Heizung ver-braucht mehr Heizenergie.

Fenster abdichten: Fensterdichtungen erneuern: Spröde und un-dichte Fensterdichtungen können Sie ganz leicht erneuern – so bleibt die Wärme drinnen bzw. im Sommer draußen.

Stoßlüften im Winter statt dauergekippte Fenster spart Energie und verhindert Schimmelbildung am kalten Fenstersturz.

Danke

dass Du Deine Heizung für den nächsten Winter fit machst

Mit programmierbaren Thermostaten kann man die Temperatur besser regeln und spart leicht **60 Euro** Heizkosten.

Danke ❄️
dass Du kein
Klimagerät nutzt!
Mit einem Ventilator spart man an
30 heißen Tagen viel Strom und locker
75 Euro.

Tipps für den Sommer:

Sommerhitze draußen lassen: Lüften Sie in der Nacht und in den frühen Morgenstunden und schließen Sie danach die Fenster und Rollläden. Damit bleibt die Hitze draußen.

Verschattung von außen: Laubbäume vor den Fenstern bieten natürlichen Hitzeschutz. Weniger effektiv, aber ebenfalls sinnvoll sind von außen angebrachte Lamellen, Rollläden und Markisen.

Ventilatoren benötigen deutlich weniger Energie als Klimageräte und kühlen durch den leichten Luftzug.

Für klimaneutrale Kühlung sorgt ein althergebrachtes (Damen-) Accessoire: mit ein wenig Muskelkraft sorgt ein **Fächer** für frische Luft.

Besser leben ohne Schimmel

Besonders in Raumecken, hinter Möbeln und rund um die Fenster kann sich bei schlecht wärmegedämmten Gebäuden Schimmel bilden. Entdecken lässt sich der Befall erst, wenn die typischen dunklen Stellen sichtbar werden. Leider kann der Schimmel dann bereits Schäden am Gebäude oder an der Gesundheit der Bewohner:innen verursacht haben. Deshalb gilt: Vorsorge ist besser als Nachsorge!

Auf den vorangegangenen Seiten finden Sie Tipps zum richtigen Lüften und Heizen. Beides ist zur Vermeidung von Schimmel unabdinglich. Beratung zur Vorbeugung und Behandlung von Schimmel bekommen Sie bei der Verbraucherzentrale Hessen: verbraucherzentrale-hessen.de, Beratungsstelle Frankfurt, Große Friedberger Straße 13–17, Telefon 069 972010900

Ist Grün gleich grün?

Ein grünes Zuhause macht viele glücklich. Aber wie ökologisch ist der Dschungel daheim? Vor allem Trendpflanzen wie Bogenhanf, Monstera & Co. stammen meist aus den (Sub-) Tropen. Oftmals werden für deren Anbau die Menschen vor Ort ausgebeutet und Raubbau an der Erde betrieben. Mit Pestiziden und Düngemitteln im europäischen Gewächshaus hochgezüchtet, überleben sie bei uns zu Hause oft nicht lange. Wer im Baumarkt nach Bio-Pflanzen sucht, hat's nicht leicht: Nur 1,7 Prozent aller Zierpflanzen sind bio-zertifiziert.

- Mittlerweile gibt es viele Ableger über Pflanzentauschbörsen (pflanzenkreisel.de) oder Plattformen wie eBay Klein-anzeigen für kleines Geld zu kaufen.

- Wer eine Pflanze neu kaufen möchte, sollte auf Bio-Siegel, wie z.B. Bio-land, Naturland und demeter achten. (nabu.de).

- Kaufen Sie Blumentöpfe am besten gebraucht. Neuware sollte möglichst aus Terra-kotta und nicht aus Plastik sein. Wer dann noch auf torffreie Erde achtet, ist auf der grünen Seite.

Öfter mal abdrehen

Im Schnitt braucht man pro Kopf 120 Liter Trinkwasser am Tag. Allerdings wird das meiste davon nicht getrunken, sondern zum Duschen oder Baden, Wäschewaschen und für die Toilettenspülung verwendet. 10 bis 15 Prozent des Energiebedarfs eines Haushalts gehen auf das Konto der Warmwasserbereitung. Deshalb ist es vor allem wichtig, warmes Wasser zu sparen.

Die besten Wasserspartipps:

- Duschen mit Sparduschkopf statt Vollbad und nicht trödeln

- Warmduscher sparen zehn Prozent Energie bei fünf Grad niedrigerer Wassertemperatur

- Wasserhahn beim Einseifen, Rasieren oder Zähneputzen abdrehen

- Voll beladene Spülmaschine benutzen, statt von Hand spülen

- Effiziente Spül- und Waschmaschinen benutzen

- Wasserhahn auf »kalt« stellen, nur bei Bedarf auf »lauwarm« oder »heiß«

Weitere Tipps zum Wassersparen finden Sie unter frankfurt.de/wassersparen!

FRANKFURT
spart Wasser!

JEDE*R EIN BISSCHEN,
ZUSAMMEN GANZ VIEL.
Mach mit!

Frankfurt spart Strom

www.frankfurt-spart-strom.de

Das Programm »Frankfurt spart Strom« belohnt Privatpersonen und Unternehmen mit 10 Cent pro eingesparter Kilowattstunde Strom in einem Jahr. Haushalte erhalten ab zehn Prozent Stromeinsparung eine Mindestprämie von 20 Euro. Die notwendigen Nachweise können bei der Antragsstellung hochgeladen werden. Durch die neue Möglichkeit der Online-Antragstellung kann diese in einem Zug papierlos durchgeführt werden. Weiterhin ist die Antragsstellung auch per Brief, Fax und E-Mail möglich. Bei Fragen können Sie sich an die Hotline 069 212 39090 wenden oder eine E-Mail an **mitmachen@stadt-frankfurt.de** schreiben.

Übrigens: »Frankfurt spart Strom Gewerbe« fördert außerdem kleine und mittlere Unternehmen sowie Vereine und Religionsgemeinschaften bei Stromsparmaßnahmen.

Eine bewusste Beschäftigung mit dem eigenen Stromverbrauch und den Möglichkeiten des Stromsparens sind erste wichtige Schritte, um die Frankfurter Klimaziele zu erreichen. Mit »Frankfurt spart Strom« steht den Frankfurter:innen ein unkompliziertes Förderprogramm zur Verfügung. frankfurt.de/frankfurtspartstrom

Viele weitere Tipps zum Energiesparen finden Sie auch unter mainova.de/energiesparen.

Initiativen und Adressen

Energiesparen ist eine der sinnvollsten Lösungen, um den eigenen CO_2-Ausstoß zu reduzieren und damit das Klima und den Geldbeutel zu schonen. In Frankfurt bekommen Sie dazu gezielt Hilfe:

Der kostenlose **Stromspar-Check der Caritas** richtet sich an einkommensschwache Haushalte. Diese erhalten eine kostenlose Energieberatung und zusätzlich Hilfsmittel, wie LED-Leuchtmittel, abschaltbare Steckerleisten oder Hygrometer. caritas-frankfurt.de/stromspar-check

Eine Prämie für ihren alten Kühlschrank bekommen einkommensschwache Haushalte im Rahmen des **Kühlschrank-Abwrackprogramms** des Cariteam-Energiesparservices mit Unterstützung des Energiereferats, weitere Infos unter: 069 29826356 oder per E-Mail an **energiesparservice@caritas-frankfurt.de**. Voraussetzung ist ein Stromspar-Check (siehe Interview auf Seite 54).

Engagieren Sie sich bei **Frankfurts Klimaschutzinitiative im Stadtteil Riedberg** und machen Sie Ihr Viertel fit für eine klimaneutrale Zukunft. klimaschutz-initiative-riedberg.de

Das **Team Frankfurt Klimaschutz** bietet Themenschwerpunkte und Tipps zum Energiesparen. klimaschutz-frankfurt.de

Die **Nebenan Stiftung** fördert nachhaltige Ideen in Ihrer Nachbarschaft. klimaschutz-nebenan.de

Noch mehr Tipps zum Energiesparen finden Sie übrigens auch unter mainova.de/energiesparen.

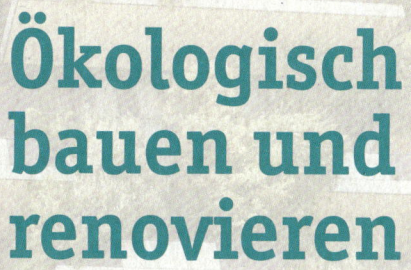

Ökologisch bauen und renovieren

Wer möchte schon sein Geld aus dem Fenster werfen? Leider passiert es immer noch oft, dass Heizenergie buchstäblich aus dem Fenster entweicht. Eine gute Dämmung kann hier Wunder wirken und schlägt sich auch in reduzierten Heizkosten nieder. Wie Sie mit kleinen und großen Veränderungen rund ums Haus oder Wohnung Geld und Energie sparen und den CO_2-Ausstoß beträchtlich verringern können, erfahren Sie auf den nächsten Seiten.

MARC DAUNER

Energiepunkt –
Energieberatungszentrum
FrankfurtRheinMain e. V.,
energiepunkt-frankfurt.de

Was steckt hinter der Idee des »Energiepunkts«?
Wir möchten die grundlegenden Fragen unserer Kund:innen zu
den Themen Bauen, Sanieren und Wohnen wissenschaftlich
basiert und bürgernah erläutern, so dass diese in die Lage
versetzt werden, auf Augenhöhe mit dem Markt zu verhandeln
und zukunftsrelevante Entscheidungen zu treffen.

Wen beraten Sie beim Energiepunkt?
Vom Mieter bis zur Immobilienbesitzerin, von der Häuslebauerin
bis zum Sanierer, von der Wohneigentümergemeinschaft bis zur
Vermögensverwaltung, von der Schülerin bis zum Rentner schät-
zen alle den fachlichen Austausch mit uns.

**Welchen persönlichen Lieblingstipp haben Sie für einen nach-
haltigen Umgang mit Energie?**
Der erste Schritt für einen nachhaltigen Umgang mit Energie ist,
zu erkennen und zu bewerten, wofür wir unsere Energie einsetzen. Dafür stehen viele Wege offen, mindestens einer davon führt
zu uns. Wir helfen gerne.

Energiepunkt Frankfurt

Bei Energiefragen steht der Energiepunkt – Energieberatungszentrum FrankfurtRheinMain e.V. Immobilienbesitzer:innen, Mieter:innen und Interessierten neutral zur Seite. Der Verein bietet eine unabhängige, fachkundige und kostenfreie Impulsberatung für Bürger:innen aus Frankfurt und der Region RheinMain rund um das Thema Energie an. Im Anschluss an die Impulsberatung besteht die Möglichkeit, eine kostenpflichtige Folgeberatung in Anspruch zu nehmen. Thematisch reichen die Angebote von der individuellen Verbrauchsoptimierung bis zum effizienten Bauen und Sanieren. Weitere Infos unter energie-punkt-frankfurt.de.

Gute Beratung vor der Sanierung

Drei Viertel aller Häuser wurden vor mehr als dreißig Jahren gebaut. Wegen der damals niedrigen Energiekosten spielten Wärmedämmung, alternative Heizsysteme und Solaranlagen kaum eine Rolle. Eine energetische Sanierung kann sich daher heute richtig lohnen. Bei einer Energieberatung erfahren Sie, wie Sie in Ihrer Wohnung oder in Ihrem Haus Energie sparen können. Es gibt viele Beratungsmöglichkeiten wie zum Beispiel die Impulsberatung vom Energiepunkt. Das lohnt sich auch für Mieter:innen! In der Beratung erhalten Sie zudem Informationen zu Fördermöglichkeiten für den Neubau und die Sanierung energieeffizienter Gebäude, wie z. B. über die Bundesförderung für effiziente Gebäude (BEG).

Weitere zertifizierte Energieberater:innen finden Sie unter energie-effizienz-experten.de.

Dächer nutzen – Klima schützen

Hat mein Hausdach das Potenzial für eine Photovoltaikanlage zur Stromerzeugung oder für eine Solarthermieanlage zur Wärmegewinnung? Antworten darauf gibt das Solarkataster Hessen: energieland.hessen.de/solar-kataster. Ein begrüntes Hausdach lässt sich gewinnbringend mit einer Solaranlage kombinieren. Die Anlage arbeitet durch die Begrünung effizienter, da sie sich weniger stark aufheizt.

Wer kein Dach zur Verfügung hat, kann – bei Mietwohnungen in Absprache mit den Vermieter:innen – die Stromkosten mit einem Mini-Solarmodul für Garten oder Balkon senken. Module gibt es z. B. unter minijoule.com oder pvplug.de. Außerdem gibt es die Möglichkeit sich an einer Bürger-Solaranlage zu beteiligen. Alle Informationen unter klimaschutz-frankfurt.de/solarenergie

Sonniges Warmwasser

Sonnenkollektoren bieten wohl die ökologischste Möglichkeit der Wärmeproduktion. Nach etwa zwei Jahren hat ein Kollektor mehr Energie erzeugt, als seine Herstellung benötigt hat. Bei einer Lebensdauer von über 20 Jahren ist das ein sehr gutes Verhältnis. Sonnenkollektoren erwärmen das Wasser, ohne Lärm und Abgase zu produzieren. Mit Standardanlagen können ca. 70 Prozent des Warmwasserbedarfs und bei Heizungsunterstützung noch zusätzlich etwa 30 Prozent der Heizenergie erzeugt werden. Ein größerer Kollektor liefert, in Kombination mit einem Pufferspeicher, in der Übergangszeit auch genug Wärme für die Raumheizung.

Frankfurt frischt auf

Wenn Sie Ihr Flachdach, Ihre Fassade oder den Hinterhof begrünen möchten, nehmen Sie doch am Förderprogramm »Frankfurt frischt auf – 50 Prozent Klimabonus« teil!

Gefördert werden neu angelegte Dach-, Fassaden- und Hinterhofbegrünungen inklusive Regenwasserspeicher, Investitionen zur Verschattung (z. B. Bäume, Pergolen, Sonnensegel) mit Wirkung auf den öffentlichen Raum, sowie die Installation öffentlich zugänglicher Trinkbrunnen. Es werden bis zu 50 Prozent der förderfähigen Kosten, höchstens 50.000 Euro pro Maßnahme und Liegenschaft, erstattet. Begrünungen kühlen das Gebäude im Sommer und machen das Mikroklima in der Umgebung angenehmer. Mehr Informationen unter frankfurt.de/klimabonus

Wenn Sie für Ihr Flachdach eine Dachbegrünung in Erwägung ziehen, aber auch eine Photovoltaik-Anlage installieren möchten, kombinieren Sie beides miteinander! So schaffen Sie Lebensraum für Kleintiere und steigern die Effizienz Ihrer Anlage, da sie sich weniger stark aufheizt.

Ein geschenkter Baum!

Sie wollten schon lange einen Baum auf Ihrem Grundstück pflanzen? Das Umweltamt der Stadt Frankfurt schenkt Anwohner:innen im Stadtgebiet einen Laubbaum: So soll die städtische Umgebung lebenswerter gestaltet und ein Beitrag zu einer langfristigen Verbesserung der Lebensqualität in der Stadt geleistet werden. Die Stadt unterstützt bei der Auswahl des geeigneten Baumes. Bei Interesse melden Sie sich per E-Mail: **info.unb@stadt-frankfurt.de**.

Sie haben kein eigenes Grundstück, möchten sich aber trotzdem um ein Fleckchen Stadtgrün kümmern? Dann werden Sie Stadtgrün-Pat:in! Als Pat:in haben Sie die Möglichkeit, Ihre Umgebung mitzugestalten und kleine Oasen zu schaffen. Sie können sich dabei um Bäume, Baumbeete oder Blumenkübel kümmern. Melden Sie sich einfach per E-Mail: **mitmachen.amt67@stadt-frankfurt.de**. Weitere Informationen finden Sie unter frankfurt.de/baumpatenschaft.

Initiativen und Adressen

Folgende Adressen bieten Ihnen Unterstützung, wenn Sie Ihr Zuhause klimafreundlicher gestalten möchten oder einen Umbau oder Neubau planen:

Welche Förderung passt zu Ihnen? Der **Förderwegweiser Energie-effizienz** gibt Ihnen eine Antwort. deutschland-machts-effizient.de, Suche »Förderprogramme«

Mit der **Förderdatenbank** des Bundes erhalten Sie ebenfalls einen Überblick: über Förderprogramme des Bundes, der Länder und der Europäischen Union. foerderdatenbank.de

Infos zur Planung und Umsetzung von Sanierungsmaßnahmen, zu gesetzlichen Anforderungen und zu Besonderheiten bei historischen Gebäuden bietet die **Stadt Frankfurt** unter frankfurt.de, Suche »energetische Sanierung«.

»Klimaschutz in der neuen Frankfurter Altstadt« lautet der Titel eines informativen YouTube-Videos des **Energiereferats.** Das Video finden Sie unter: klimaschutz-frankfurt.de/videos

Informationen zum **Frankfurter Programm zur energetischen Modernisierung** des Wohnungsbestandes erhalten Sie unter stadtplanungsamt-frankfurt.de

Informationen zur Bundesförderung für effiziente Gebäude (BEG) erhalten Sie unter deutschland-machts-effizient.de, Suchbegriff »BEG«.

Mit dem Klima Partner Programm fördert die **Mainova** den Einsatz besonders umweltschonender Technologien für Privathäuser, Soziale Einrichtungen und Sportvereine. mainova.de/klimapartner

Im Rahmen des SanierungsWEGweisers unterstützt die Stadt Wohnungseigentümergemeinschaften, die eine energetische Sanierung planen. Sie erhalten eine umfassende und individuell zugeschnittene Energieberatung.frankfurt.de/sanierungswegweiser

KLIMAGUTSCHEINE

Nachhaltig unterwegs sein

Grüner und schöner wohnen

Ökologisch bauen und renovieren

SO FUNKTIONIERT'S!

- Die Gutscheinangebote gelten nur, solange der Vorrat reicht.
- Jeder im Klimasparbuch enthaltene Gutschein darf nur einmal pro Person eingelöst werden.
- Bei online einzulösenden Gutscheinen ist auf Verlangen der Originalgutschein einzusenden.
- Eine Barauszahlung erfolgt nicht.
- Wir übernehmen keine Haftung, wenn ein Gutschein von einem Gutscheinanbieter nicht eingelöst wird oder nicht eingelöst werden kann. Dies gilt insbesondere bei Besitzerwechsel, Geschäftsauflösung, Insolvenz usw.
- Für die Inhalte der Gutscheine sowie der im Klimasparbuch aufgeführten Websites und deren Links sind ausschließlich die jeweiligen Betreiberinnen und Betreiber verantwortlich.

Und wenn das Gutscheinangebot mal etwas weiter weg liegt, verbinden Sie das Einlösen doch mit einer kleinen Fahrradtour oder einem Ausflug mit Bus und Bahn.

Viel Vergnügen beim ökofairen Ausprobieren!

10 % Rabatt
auf Ihre Bestellung in unserem Webshop
(ab einem Bestellwert von 50 Euro)

Gratis
Eine Tasse Kaffee und ein Stück Kuchen
in unserem Hofcafé

REFORMHAUS BORNHEIM
natürlich gesund leben

10 % Rabatt
auf Ihren Einkauf ab 50 Euro
(gilt nicht für bereits reduzierte oder Angebotsware)

Besser als Bio! Mehr als Fair!

Es war noch nie so lecker Gutes zu tun! Direkt & fair gehandelter Ur-Kakao, Bio-Hochlandkaffee und edelste Gourmetschokolade. Klimapositiv durch den Schutz von 900 ha peruanischem Bergregenwald!

PERÚ PURO GmbH
Eckenheimer Landstr. 50, 60318 Frankfurt, 0178 6680854
contact@perupuro.de, perupuro.de, Gutscheincode: **besseralsbio**

Wissen, wo's herkommt!

Einkaufen auf dem Demeter-Bauernhof. In unserem großen Hofladen finden Sie: erntefrisches Obst & Gemüse aus eigenem Anbau, Fleisch & Wurst von eigenen Tieren, Käse & Milch aus der Hofkäserei, Brot & Kuchen aus unserer Holzofenbäckerei, ergänzt durch ein umfangreiches Bio-Voll-sortiment. Entspannen Sie bei einer Tasse Kaffee in unserem Hofcafé.

Dottenfelderhof
Dottenfelderhof 1, 61118 Vilbel
Hofladen Mo–Sa 8–19 Uhr
Hofcafé Mo–Sa 9–18 Uhr
dottenfelderhof.de

Reformhaus Bornheim – natürlich gesund leben

In unserem Reformhaus finden Sie Naturkosmetik und natürliche, hoch-wertige Bio-Lebensmittel und Naturarzneimittel.

Reformhaus Bornheim
Berger Str. 204, 60385 Frankfurt, 069 464243
Mo–Fr 9–18.30 Uhr, u. Sa 9–16 Uhr
info@reformhaus-bornheim.de

10 % Rabatt
auf deinen Lebensmitteleinkauf bei ULF un:verpackt!

10 % Rabatt
auf Ihren Einkauf

gramm genau

10 % Rabatt
auf Ihren Lebensmittel-Einkauf

Plastikfrei einkaufen heißt »ulfen«!

Wir haben alles für den plastikfreien und müllreduzierten Einkauf: Lebensmittel, Frischwaren, Getränke, Putzmittel, Hygieneprodukte und nützliche nachhaltige Haushaltshelfer. Außerdem eine tolle Beratung, wenn es um clevere nachhaltige Alternativen geht!

Ulf un:verpackt!
Darmstädter Landstr. 44, 60594 Frankfurt, 0176 37195297
Mo–Fr 10–19 Uhr, u. Sa 10–17 Uhr, unverpackt-laden-frankfurt.de

Biologische & nachhaltige Produkte für ein müllfreies Leben!

Wir bieten Ihnen unverpackte Lebensmittel, ökologische Reinigungsmittel, nachhaltige Küchen- und Hygieneartikel, Molkereiprodukte sowie saisonales Obst und Gemüse. Sind Sie dabei? Dann Herzlich Willkommen in der Auffüllerei!

Die Auffüllerei GmbH
Höhenstr. 40, 60385 Frankfurt, 069 40564006
Mo–Sa 10–19 Uhr, dieauffuellerei.de

Plastikfrei. Nachhaltig. Fair.

Auf Kuchen folgt Klimaschutz! Bei uns bekommst du Bio-Lebensmittel abgefüllt sowie Kosmetik- und Haushaltsprodukte. Im Café gibt's selbstgemachte, vegane Kuchen, warme Gerichte, Frühstück und Getränke.

Gramm.genau GmbH
Adalbertstr. 11, 60486 Frankfurt, 0171 4906011
Di–Fr 10–19 Uhr u. Sa 10–17 Uhr, service@grammgenau.de, grammgenau.de

KNÄRZJE

25 % Rabatt
auf Ihren Einkauf im Online-Shop
(nur einmal gültig)

36grad
Café ° Bar ° Restaurant

20 % Rabat
ab 45 Euro Verzehrwert

Eine Flasche Traubensaft (rot oder weiß) gratis
pro Einkauf im Onlineshop oder vor Ort
(ab 30 Euro Einkaufswert)

Knärzje – Viel Genuss. Zero Waste

Knärzje ist das mehrfach ausgezeichnete erste biozertifizierte Zero-Waste-Bier Deutschlands, gebraut mit aussortiertem Brot. Jede Flasche rettet eine Scheibe Brot vor der Tonne!

Knärzje GmbH
Gwinnerstr. 36, 60385 Frankfurt, 069 36607041
knaerzje.de, Gutscheincode: **#klimaknaerzje2023**

36 Gründe um vorbeizuschauen

Täglich Frühstück, netter Service, hausgemachter Kaffee und Kuchen sowie Lunch Specials sind die ersten 5 Gründe. Die leckere Gerichte- und Getränkeauswahl Grund 6-35. Der 36. ist unser Prosecco-Special, das zum chillen auf unsere Terrasse einlädt.

36° grad Café Bar Restaurant
Oppenheimer Landstr. 36, 60594 Frankfurt, 069 56994389
Mo–So 10–14 Uhr, 36gradfrankfurt.de

Gute Gründe für Ökowein – macht jeden Boden gut.

Unser Familienweingut keltert Wein in der 7. Generation, seit über 30 Jahren ökologisch! Probieren Sie die veganen Weine und sortenreinen Traubensäfte, auch in einer Online-Weinprobe!

Ökoweingut Theo Schütte
Kesselgasse 4, 67577 Alsheim, 06249 5508
täglich geöffnet bei telefonischer Anmeldung
oekowein-schuette.de, Aktionscode: **Klimasparbuch Frankfurt 2023**

Die geniale Kochkiste

Klimafreundlich kochen. Energie sparen. Gesund & lecker essen.
Kochkurse | Workshops | Tastings | Talks | Vorträge | Seminare |
Kochkiste-Onlineshop

Büro für Nachhaltige Esskultur
klimafreundlich-kochen.com, nachhaltige-esskultur.de
Aktionscode: **Kochkiste-Klimasparbuch23**

voice-design … überraschend ethisch!

Konzeption, Gestaltung, Produktion – wir stehen Ihnen kompetent
zur Seite. Und das überraschend ethisch. Denn wir sind Deutschlands
erste ethisch-basierte, vegane Werbeagentur und Druckerei.

voice-design
069 83834651, Mo–Do 9–17.30 Uhr u. Fr 9–16 Uhr
vegan-druck.de, Aktionscode: **klimasparbuch2023**

monomeer. Alles ohne Plastik.

monomeer ist seit 2014 dein Zero-Waste-Onlineshop und Fachhandel
für plastikfreies Leben. Wir sind GWÖ-zertifiziert, (fast) palmölfrei,
(fast) chinafrei, tierleidfrei und ganz oft bio.

monomeer
Gottlieb-Daimler-Str. 5, 78467 Konstanz, 07531 9216560
info@monomeer.de, monomeer.de, Aktionscode: **KSBFFM_monomeer**

20 % Rabatt
auf Ihren Einkauf

Dein Fairer Shop mit Produkten
kleiner Unternehmen

Ein kostenloses Heißgetränk
von unserer Bar
(ab 30 Euro Einkaufswert)

20 % Rabatt
auf alle Kissen

Monsters liebt Kinder!

Seit 2006 finden Sie bei uns hochwertige und originelle Secondhand-Kindermode, Spielzeug, Bücher, Zubehör und Schwangerschaftsmode. Vintage-Schatzsucher werden bei uns regelmäßig fündig.

MONSTERS Kindersecondhandladen
Wiesenstr. 46, 60385 Frankfurt, 069 15345269
monsters-bornheim.de

All we need is love, a smile & a very Guder Kaffee

Als Ladengemeinschaft kleiner Unternehmen haben wir es uns zur Mission gemacht, Regionalität und Nachhaltigkeit zu vereinen.

Oständ Store
Sonnemannstr. 73, 60314 Frankfurt, 069 27244893
Mi 12–18, Do–Fr 12–19 u. Sa 11–16 Uhr
gude@ostaendstore.de, ostaendstore.de

Kräuter Kissen·Handwerk·Kunst

Unsere Kissenmanufaktur fertigt Kissen nach Maß mit veganer Naturfüllung, wie Buchweizen-Hirseschalen, Kirsch-Traubenkernen … ! Erweitern Sie Ihr Kräuterwissen in unserer Leseecke mit erstklassiger Literatur und Beratung. Oder finden Sie passende Geschenke für jeden Anlass, wie den schwarzen Sekt oder Schokolade von PERÙ PURO.

Gudwork – Kissen zum Küssen
Rat-Beil-Str. 39, 60318 Frankfurt, 0176 98103637
Mi–Fr 12–18.30 Uhr, u. Sa 12–15 Uhr, houseofbluecherry.com, gudwork.com

10 % Rabatt
auf den WindelFrei/EC-Basiswissen-Onlinekurs

Gratis
Dr. Hauschka Probierset
(ab einem Einkaufswert von 20 Euro)

20 % Rabatt
auf Naturkosmetik ab 30 Euro Einkaufswert
Gilt auch online!

WindelFrei/EC

WindelFrei/EC ist die natürliche, nachhaltige, moderne und liebevolle Alternative zum Vollzeitwickeln Deines Babys.

WindelFrei/EC Frankfurt
Günthersburgallee 14h, 60316 Frankfurt
windelfrei-frankfurt@gmx.de, windelfrei-frankfurt.de/basiswissen
Aktionscode: **KLIMA**

Bio seit 1970

Wir bieten eine Vielzahl von Bio-Produkten wie Kosmetik, Pflege-produkte, ätherische Öle und Weine an. Wir haben auch hochwertige japanische Kosmetik.

Distel Bio +
Kleine Hochstr. 7, 60313 Frankfurt, 069 71712977
Öffnungszeiten: siehe Website, distelbioladen-frankfurt.de

Lebendige Schönheit – natürlich gepflegt

Erstklassige Echthaarperücken und Haarverlängerung, kombiniert mit einem umfangreichen Angebot an ehrlichen Naturkosmetik-Produkten.

Lebendige Schönheit by House of Bluecherry
Eschersheimer Landstr. 34, 60322 Frankfurt, 069 97691808
Mo–Sa 10–19 Uhr, houseofbluecherry.com, lebendige-schoenheit.de Aktions-code: **Klima sparen**

Blumenhaus Thomas

Inhaber Claus Völp

10 % Rabatt
auf Fairtrade-Blumen

ever&again

15 % auf alles im Onlineshop
mit Click&Collect in Frankfurt zusätzlich 4,95 Euro sparen

mein**frollein**®

10 % Rabatt
auf das Online-Sortiment

Blumenhaus Thomas

Seit 100 Jahren Ihr Blumenlieferant in Bergen-Enkheim.

Blumenhaus Thomas
Vilbeler Landstr. 204, 60388 Frankfurt
Mo 14–18 Uhr, Di–Fr 12–18 Uhr, u. Sa 10–15 Uhr
blumenhaus.thomas@t-online.de, blumenhaus-thomas.com

Stilvoll, praktisch, in Deutschland handgenäht: Produkte für ein nachhaltigeres Leben

Der ever&again Online Shop überzeugt mit zahlreichen, nützlichen Produkten, die als langlebige Alternativen zu gängigen Wegwerfartikeln dienen. Mit dem Ziel, deinen Alltag praktischer und nachhaltiger zu gestalten, werden sie mit viel Liebe zum Detail in den Frankfurter Reha Werkstätten handgenäht.

ever&again
Lucaestr. 6, 60433 Frankfurt, Click&Collect nach Absprache
everandagain.de, Aktionscode: **Klimasparbuch15**

Mützen und Schals: kuschelig, fair & nachhaltig

Wir produzieren in deutschen Manufakturen und setzen nur feinste und nachhaltige Garne ein. Mit dem Kauf unterstützen Sie jede Saison ein soziales MeinFrollein-Charity-Projekt in einem Kinderdorf.

MeinFrollein Strickaccessoires
Gutenbergstr. 2, 63225 Langen, 0171 7035876
Meinfrollein.de, Aktionscode: **Klimahelden**

10 % Rabatt
auf ein Paar Espadrilles oder Slip-On's

10 % Rabatt
auf den Online-Kauf meines Buches „Plastiksparen im Supermarkt"
(Druckversion oder eBook)

Eine kostenlose Beratung
per Zoom oder Telefon
(Coaching für Freiheit, Mut und Erfüllung im Leben)

Low waste – high fashion.
Designe deine eigenen Espadrilles!

Bei uns ist alles echte Handarbeit, von der Sohle bis zum fertigen Schuh. Wähle Stoffe, Bänder & Verzierungen und stelle dir deine eigenen Espadrilles zusammen. Sie werden nach deinen Vorstellungen individuell und nachhaltig in unserer Manufaktur von Hand für dich gefertigt. Also raus aus dem Alltag und rein in die bunten Schuhe!

Espadrilles Maker
Lea-Weinberg-Str. 4, 61184 Karben
info@espadrilles-maker.de, espadrilles-maker.de, Aktionscode: **x872d**

Initiative Plastik sparen by Petra Kreß

Mit meiner Initiative „Plastik sparen" setze ich mich seit 2018 für die Reduzierung von Plastik im Alltag ein. Mit Begeisterung, vielen Infos und Aktionen möchte ich zu einem bewussten Umgang mit Plastik motivieren.

Initiative Plastik sparen by Petra Kreß
In der Römerstadt 7a, 60439 Frankfurt, 069 95738502
Mo–Fr 10–17 Uhr, plastiksparen@online.de
plastiksparen.de/klimasparbuch-frankfurt2023

Shanti Company

Lebe das Leben, das Dich von Herzen glücklich macht und das Dir entspricht.

Finde Fokus, Orientierung und Fülle!
Bekomme Klarheit und konkrete Schritte!
Für Dein Leben: frei, glücklich und authentisch.

Shanti Company
Philipp-Fleck-Str. 15, 60486 Frankfurt, 069 95862725 und 0177 5261346
Mo–Fr 10–17 Uhr, shanticompany.com

NACHHALTIG
GUIDE

20 % Rabatt
auf Webinare und Gutscheine

projekt 21 plus +

Ein Baum geschenkt
bei Abschluss einer Altersvorsorge

50 % Rabatt
auf ein BIO Probeabo

Nachhaltig leben – Schritt für Schritt

Nachhaltig leben ist schwer? Nicht, wenn man weiß, wie und wo man anfangen kann. In unseren Webinaren und Workshops gibt es hilfreiche Tipps für verschiedene Bereiche des privaten und beruflichen Alltags.

Nachhaltig Guide
0178 8583708
ankathrin@nachhaltig-guide.de
nachhaltig-guide.de

Das ökologische Beratungsprojekt

Wir bieten Ihnen eine unabhängige Beratung zu Geldanlagen und Altersvorsorge. Dabei unterliegen alle Angebote strengen ethisch-ökolo-gischen Kriterien.

projekt21plus
Volkartstr. 46, 80636 München, 089 35653344
projekt21plus.de

BIO – natürlich gesund leben

BIO ist das Magazin für alle, die ihr Leben gesund und nachhaltig gestalten wollen – mit einem Themenmix rund um Gesundheitsbe-wusstsein, Lebensfreude und Verantwortung für Umwelt und Gesellschaft.

BIO Magazin
089 544184221, biomagazin@biomagazin.de
Gutschein einlösen unter oekom.de, Aktionscode: **FRANKFURT50**

50 % Rabatt
auf ein Probeabo des Slow Food Magazins

NATÜRLICH REISEN

10 Euro Rabatt
pro Reisebuchung

Landesverband Hessen

Teilnahme an einer Veranstaltung
zum ermäßigten Mitglieder-Preis

Slow Food Magazin – Genuss & Verantwortung

Das Slow Food Magazin ist für alle, denen wichtig ist, was sie essen! Ein Heft voller Kulinarik, Geschmack, Kultur, Gesellschaft und Verantwortung.

Slow Food Magazin
089 544184221, redaktion@slowfoodmagazin.de
Gutschein einlösen unter oekom.de, Aktionscode: **FRANKFURT50**

ReNatour – natürlich reisen

Familienurlaub, Wanderurlaub, Auszeit, Bio-Hotels, Eselwandern, Yoga und vieles mehr! Ihren Geheimtipp-Urlaub finden Sie bei ReNatour, dem Spezialveranstalter für nachhaltigen Tourismus.

ReNatour – natürlich reisen
Brunner Hauptstr. 26, 90475 Nürnberg, 0911 890704
Mo–Fr 10–17 Uhr, renatour.de, Aktionscode: **EAA9EA66**

jung. bunt. aktiv.

Erlebt einzigartige Momente auf unseren vielfältigen Veranstaltungen für Kinder, Jugendliche und Familien – vom Zelten über Klettern und Kanufahren bis zu Auslandsreisen ist für alle etwas dabei.

Naturfreundejugend Hessen
Herxheimerstr. 6, 60326 Frankfurt, 069 75008235
Di–Do 10–16 Uhr, u. Fr 10–13 Uhr
info@naturfreundejugend-hessen.de, nfj-hessen.de

Wohnzimmer Werkstatt

50 % Rabatt
auf die erste Stunde Miete und ein Getränk gratis
(Wasser, Apfelschorle oder Kaffee)

10 Euro Rabatt
auf eine Inspektion

15 Euro Rabatt
auf unseren Service

Wohnzimmer-Werkstatt

Lange Wartezeiten? Teuer? Doppelte Wege? Reparieren Sie Ihr Fahrrad in der Wohnzimmer-Werkstatt doch selbst. Es ist einfacher als Sie denken. Anleitungen zu den Reparaturen gibt es auf Youtube und auf meiner Website. Falls es mal nicht weitergehen sollte, gebe ich gerne einen Tipp.

Wohnzimmer-Werkstatt
Heidestr. 53, 60385 Frankfurt, 069 89666669
Öffnungszeiten saisonabhängig, bitte auf der Website einsehen:
wohnzimmer-werkstatt-ffm.de

Meisterbetrieb seit 1925

Unser breitgefächertes Angebot an Fahrrädern und E-Bikes bietet Fahrvergnügen für Groß und Klein. Auch unsere Werkstatt soll alle Radfahrer:innen rundum zufrieden stellen: Deshalb arbeiten wir das ganze Jahr über ohne Terminvergabe. Erfragen Sie gerne telefonisch unsere aktuelle Bearbeitungszeit!

Radsporthaus Kriegelstein GmbH
Hofheimer Str. 5, 65931 Frankfurt, 069 365238
Mo–Fr 9–18 Uhr, Sa (März bis Sept.) 9–16 Uhr, Sa (Okt. bis Febr.) 9–14 Uhr
radsporthaus-kriegelstein.de

Fahrräder für alle Lebenslagen

Seit über 35 Jahren ist Per Pedale Spezialist in Sachen Fahrradmobilität. In beeindruckender Vielfalt und Auswahl präsentiert Per Pedale eine große Auswahl an Fahrrädern aller Art inkl. Probefahrten. Jede*r ist willkommen!

Per Pedale GmbH
Adalbertstraße 5, 60486 Frankfurt, 069 70769110 ·
Mo–Fr 10–19 Uhr, u. Sa 9.30–16 Uhr
perpedale.de

75 statt 85 Euro für 60 Min. Tour
für zwei Personen mit Besuch im Palmengarten inkl. Bordimbiss

Sachen auf Rädern.de

Eine kostenlose Lieferung
vom Frankfurter Erzeugermarkt

Hotel Villa Orange
Business und Bio in Frankfurt

10 Euro Rabatt
pro Person für eine Übernachtung am Wochenende
(nach Verfügbarkeit)

Velotaxi Frankfurt – natürlich e-mobil

Von April bis Oktober sorgen wir mit unseren CityCruisern für eine umweltfreundliche Mobilität in Frankfurt am Main. Bitte reservieren Sie Ihr Velotaxi telefonisch für eine Fahrt von Sonntag bis Freitag zwischen 12 und 20 Uhr.

Velotaxi Frankfurt
Wiesenstr. 6, 63674 Altenstadt, 069 71588855
April–Oktober täglich 12–20 Uhr, velotaxi-frankfurt.de

Sachen auf Rädern

Mit unseren elektrischen Lastenrädern wollen wir eine effiziente CO_2-neutrale Alternative zum klassischen PKW-Lieferdienst bieten, denn nicht jedes Sandwich muss mit dem Sprinter gefahren werden.

SaR Radlogistik GmbH
Franziusstr. 8-14, 60314 Frankfurt, 069 87007766
auftrag@sar-ffm.de, sar-ffm.de

Bio in the city

Mitten in Frankfurt befindet sich die Villa Orange, ein Bio- und Business-Hotel mit 38 Zimmern, Bibliothek, Hotelbar und Frühstücksterrasse. Die Gäste lieben das Bio-Frühstück, die vielen Bücher auf den Zimmern und den literarischen Salon einmal im Monat.

Villa Orange
Hebelstr. 1, 60318 Frankfurt, 069 405840
durchgehend geöffnet, villa-orange.de

50 Liter RETERRA-Feinkompost
als lose Ware gratis zum Selbstabfüllen

MANIOR

15 % Rabatt
auf nachhaltige Wohnobjekte oder eine kostenfreie Designberatung
für ein natürlicheres Arbeitsumfeld

10 Euro Rabatt
beim Kauf einer BUBBLE-RAIN Duschbrause

Vom Palmengarten empfohlen – Produkte der RMB

Für Garten, Balkon, Terrasse sowie Pflanzen im Haus: In unserem RMB-Gartenshop finden Sie gebrauchsfertige Pflanz- und Blumenerden aller Art, RETERRA-Premiumkompost für die Humusversorgung des Gartenbodens und vieles mehr.

RMB Rhein-Main Biokompost GmbH
Peter-Behrens-Str. 8 (Einfahrt über Franzius-/Riederhofstr.), 60314 Frankfurt
069 201714500, Mo–Fr 8–16 Uhr, u. Sa 9–12 Uhr, rmb-frankfurt.de

positive IMPACT interior DESIGN

Nachhaltige Wohnobjekte aus geretteten Eichenbalken und natürliches Office Design für ein angenehmes Arbeitsumfeld ... gestalten Sie mit uns Ihre Lebensräume zum Wohlfühlen.

MANIOR
Martin-Niemöller-Weg 9, 61462 Königstein, 0179 2942749
Termine nach Vereinbarung, ab@manior.de, manior.de

BUBBLE-RAIN – Duschen mit dem Blauen Engel

Bei der BUBBLE-RAIN Brause werden die Tropfen mit Luft gefüllt und zu großen, seidenweichen Wasserblasen. Das spart so viel Wasser und Energie, dass sie mit dem Blauen Engel ausgezeichnet wurde.

WOLF Aqua-Manufaktur GmbH
Martinstr. 2, 83329 Waging am See, 08681 479390
info@wolf-aqua-manufaktur.de, Gutschein einlösen unter duschbrause.de
Aktionscode: **KSB23**

20 % Rabatt
auf einen Duschkopf

10 % Rabatt
auf Artikel der Firma Kreidezeit
(gilt nur für Lagerartikel)

Kostenfreie Impuls-Beratung
zum Modernisieren und Sanieren (90 Min.) + weiterführende Beratung
(max. 60 Min. – Wert: 75 Euro) gratis

Der wassersparende Hochdruckduschkopf

Der Hit aus dem Internet. AlpenKraft® hat sein neues Modell »ZugSpitze« erst seit Kurzem auf dem Markt. 200 % mehr Wasserdruck, 40 % Wasserersparnis und 100 % Made in Germany.

AlpenKraft®
mk@avm-digital.at, Gutschein einlösen unter alpenkraft.shop
Aktionscode: **Life20**

Ökologisch Bauen und Renovieren

Wir finden mit Ihnen die richtigen Baustoffe, Baukonstruktionen und Einrichtungsgegenstände und helfen Ihnen bei der Wahl des geeigneten Schlafplatzes und bei Problemen mit Schimmel, Schadstoffen oder Elektrosmog.

Casa Viva – Baubiologie und Naturbaustoffe
Vogelsbergstr. 25, 60316 Frankfurt, 069 4970400
Mo–Fr 10–14 Uhr u. 16–18.30 Uhr, Sa 10–14 Uhr
casaviva-online.de

Energiepunkt Frankfurt e. V. – Ihr Energie-Wegweiser

Unsere Impulsberatung umfasst u. a. die Identifizierung energetischer Problemstellungen sowie die Beratung zu Einsparpotenzialen und zur Heizkostenabrechnung. Die weiterführende Beratung unterstützt bei Sanierungs- und Neubauprojekten.

Energiepunkt – Energieberatungszentrum FrankfurtRheinMain e. V.
Ginnheimer Str. 48, 60487 Frankfurt, 069 21383999
Termin nach Vereinbarung: energiepunkt-frankfurt.de

Sparen Sie mit Mainova
bis zu 50 Euro beim Kauf einer Stecker-Solaranlage

Wir publizieren nachhaltig

Ökologie und Nachhaltigkeit sind im oekom verlag nicht nur Wörter auf dem Papier, sondern bilden das Fundament seiner Unternehmensphilosophie. Kooperation, umweltschonende Produktion und Vielfalt – oekom möchte mit seinen Publikationen Alternativen aufzeigen und selbst eine Alternative sein.

Informieren Sie sich über aktuelle Veröffentlichungen und abonnieren Sie unseren Newsletter unter oekom.de/newsletter

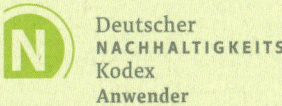

Deutscher
NACHHALTIGKEITS
Kodex
Anwender

Klimaneutral
Verlag
ClimatePartner.com/53585-1805-1001

natürlich oekom!

Mit diesem Buch halten Sie ein echtes Stück Nachhaltigkeit in den Händen:

- 100 % Recyclingpapier
- mineralölfreie Druckfarben
- Verzicht auf Plastikfolie
- Kompensation aller CO_2-Emissionen
- kurze Transportwege – in Deutschland gedruckt

Weitere Informationen unter natürlich-oekom.de
und #natürlichoekom

Gewinnspiel

Jetzt CO$_2$ sparen, auf das Frankfurter Klimasparkonto einzahlen und gewinnen!

So funktioniert's:

Schreiben Sie uns eine E-Mail an **klimasparen@stadt-frankfurt.de** und teilen Sie uns mit, welchen Klima- oder Energiespartipp Sie bereits umsetzen – die Expert:innen des Energiereferats berechnen dann Ihre persönliche Ersparnis. Dieser Wert wird auf dem Frankfurter Klimakonto eingebucht und summiert sich dort mit den Beiträgen vieler anderer Bürger:innen und Unternehmen.

Unter allen Einsendungen verlosen wir bis zum 29. September 2023
10 Exemplare des Buches »Energie sparen leicht gemacht« sowie
10 Money-Saver-Steckdosenleisten.

Weitere Informationen zum Klimasparkonto und die Teilnahmebedingungen finden Sie unter **frankfurt.de/klimasparkonto**.

Unsere Empfehlungen zum schnellen CO$_2$-sparen:

- Ich verwende einen Wasserspar-Duschkopf.
  Das spart bis zu 230 kg CO$_2$.
- Ich trockne meine Wäsche auf der Leine statt im Trockner.
  Das spart bis zu 119 kg CO$_2$.
- Ich senke die Raumtemperatur um ein Grad Celsius ab.
  Das spart bis zu 192 kg CO$_2$.

IMPRESSUM

Herausgeber: Stadt Frankfurt am Main, Energiereferat
sowie der oekom e.V. – Verein für ökologische Kommunikation

STADT FRANKFURT AM MAIN
Energiereferat > Die kommunale Klimaschutzagentur

oekom e.V.
Verein für ökologische Kommunikation

Bibliografische Information der Deutschen Nationalbibliothek: Die Deutsche Nationalbibliothek verzeichnet diese Publikation in der Deutschen Nationalbibliografie; detaillierte bibliografische Daten sind im Internet über dnb.dnb.de abrufbar.

© 2022 oekom verlag, Gesellschaft für ökologische Kommunikation mbH, München
Waltherstraße 29, 80337 München

Idee und Konzept: oekom e.V.
Projektleitung: Ulrike Wiedenfels (Stadt Frankfurt a. M.), Amelie Thomé (oekom verlag)
Projektmitarbeit: Paul Fay, Andreas Steffen, Hanna Jaritz, Karin Gerhardt, Monika Brudler (alle Stadt Frankfurt a.M.); Mirela Cific, Isabel Janitz, Malte Schnittker (alle oekom verlag)
Gestaltung und Satz: Anita Mertz, Augsburg
Cover/Umschlag: Anita Mertz, Augsburg
Druck: Aumüller Druck GmbH & Co. KG, Regensburg

Alle Rechte vorbehalten
Printed in Germany
ISBN: 978-3-96238-396 1

Dieses Buch wird auf 100 % Recyclingpapier (zertifiziert mit dem Blauen Engel) gedruckt.

Die Herausgeber übernehmen keine rechtliche Verantwortung für den Inhalt der aufgeführten Weblinks sowie für die Richtigkeit der CO_2-Angaben. Bei der Berechnung der CO_2-Werte in diesem Buch wurden CO_2-Äquivalente wie Methan oder Lachgas berücksichtigt.